나를 지키는
12달
안전이야기

왜
조심해야 돼?

글 박현숙

아이들과 수다 떨기를 제일 좋아하고 그다음으로 동화 쓰기를 좋아하는 어른입니다. 대전일보 신춘문예에 동화가 당선되어 작가가 되었습니다. 제1회 살림어린이 문학상 대상, 한국문화예술위원회 창작지원금을 받았습니다. 그동안 《아이들이 사라지는 학교》, 《선생님이 돌아온 학교》, 《수상한 도서관》, 《수상한 우리 반》, 《뻔뻔한 가족》, 《어느 날 가족이 되었습니다》, 《너를 빌려줘》, 《수요일을 싫어하는 고양이》 외에 많은 책을 썼습니다.

그림 이유나

대학에서 그림을 배우고 지금은 두 아이의 엄마가 되어 그림책에 그림을 그리고 있습니다. 앞으로도 아이들과 공감하는 멋진 그림을 그리고 싶습니다. 그린 책으로는 《훌륭한 예술가이며 현명한 어머니 신사임당》, 《잘못된 게임》, 《1948년 분이의 약속》, 《어린이 로스쿨》 등이 있습니다.

나를 지키는 12달 안전이야기

왜 조심해야 돼?

초판 1쇄 펴낸날 2020년 3월 31일 초판 3쇄 펴낸날 2023년 10월 30일
글 박현숙 그림 이유나
펴낸이 허경애
편집 김성화 디자인 최정현 마케팅 정주열
펴낸곳 도서출판 꿈터
출판등록일 2004년 6월 16일 제313-204-000152호
주소 서울시 마포구 양화로 156, 엘지팰리스빌딩 825호
전화번호 02-323-0606 팩스 0303-0953-6729
이메일 kkumteo77@naver.com
블로그 http://blog.naver.com/kkumteo-
인스타 kkumteo
ISBN 979-11-88240-69-2(73370)

ⓒ 박현숙, 이유나 2020
이 책에 실린 글과 그림은 무단 전재 및 무단 복제할 수 없습니다.

어린이제품안전특별법에 의한 제품 표시
제조자명 꿈터 | 제조연월 2023년 10월 | 제조국 대한민국 | 사용연령 만 8세 이상 어린이 제품 | 주의사항 종이에 베이거나 긁히지 않도록 조심하세요. 책 모서리가 날카로우니 던지거나 떨어뜨리지 마세요. KC 마크는 이 제품이 공통안전기준에 적합하였음을 의미합니다.

* 잘못된 책은 구입하신 서점에서 바꾸어 드립니다.

이 도서의 국립중앙도서관 출판예정도서목록(CIP)은 서지정보유통지원시스템 홈페이지(http://seoji.nl.go.kr)와 국가자료종합목록 구축시스템(http://kolis-net.nl.go.kr)에서 이용하실 수 있습니다.(CIP제어번호 : CIP2020001688)

나를 지키는
12달
안전이야기

왜 조심해야 돼?

박현숙 글 | 이유나 그림

차례

1월의 이야기 겨울 놀이를 안전하게 즐겨요 ·· **20**

눈썰매장에서 22
스케이트장에서 26
얼음낚시를 갔을 때 30

2월의 이야기 고마운 가스와 난방기구 안전하게 사용해요 ·· **34**

가스는 조심해서 써야 해요 36
따뜻한 난로, 위험할 수 있어요 40
전기장판 안전하게 사용해요 44

3월의 이야기 아니라고 말해요 ·· **48**

아줌마는 누구세요? 50
아저씨, 싫어요, 이거 놔요! 54
사람이 많은 곳으로 다녀야 해 58

4월의 이야기 안전하고 행복한 학교 ·· **66**

안전한 교실 68
안전한 교실 밖 72
안전한 급식 시간 76

5월의 이야기 도로에서 지키는 안전 규칙 ·· **80**

고속도로에서 화장실이 급해도! 82
학원 버스에서 내리면 86
앞을 보고 걸어야지! 90

6월의 이야기 안전해서 즐거운 가족 나들이 ·· **94**

버스 안전하게 타기 96
자동차 안전하게 타기 100
놀이기구 안전하게 타기 104

7월의 이야기　배와 비행기 안전 탑승 ·· 112

구명조끼 위치는 미리 확인! 114
승무원 안내에 귀를 쫑긋 118
이런 물건은 안 돼! 122

8월의 이야기　물놀이 안전 ·· 126

시원한 물이 흐르는 계곡으로 가요 128
파도가 춤추는 바다로 가요 132
수영장에서 신나게! 136

9월의 이야기　자연재해 안전하게 대비하기 ·· 140

햇볕이 쨍쨍! 머리가 어질어질! 142
바닥이 흔들, 책상이 덜컹! 146
바람이 쌩쌩! 간판이 덜커덩! 150

10월의 이야기　단풍보다 안전 ·· 158

진정한 등산 패셔니스타는? 160
산속 생물 조심 164
산불 조심 168

11월의 이야기　공공장소 안전 ·· 172

박물관에서 스케이트를 탄다고? 174
쇼핑카트는 타는 게 아니야! 178
공연장에서 냠냠 쩝쩝? 182

12월의 이야기　먹는 것도 안전하게! ·· 186

손에는 세균이 바글바글 188
불량식품에도 세균이 바글바글 192
음식으로 장난 금지! 196

작가의 말 204

어두운 밤이에요. 오늘따라 별도 달도 없이 아주 캄캄했어요. 삼신할머니는 아기씨 주머니를 옆구리에 차고 터벅터벅 걸었어요. 사방이 온통 아파트예요. 아파트 벽에 숫자가 쓰여 있기는 하지만 그 집이 이 집 같고 저 집이 요 집 같아요.

　옛날에는 마당이 있는 집들이 대부분이었죠. 슬그머니 담장을 넘겨다보면 집 안을 훤히 볼 수 있었어요. 그 덕에 아기를 기다리는 집이 어느 집인지 쉽게 알아차릴 수 있어서 아기씨를 던져 주기도 아주 쉬웠어요.

　겨우겨우 찾아야 할 아파트 앞에 도착한 삼신할머니는 놀이터 벤치에 털썩 주저앉았어요.

　"이 집이 저 집 같고 저 집이 이 집 같으니 원."

　요즘은 정말 삼신할머니 노릇 하기가 너무 어려워요. 아, 삼신할머니가 누구냐고요? 아기씨를 가지고 다니면서 아기를 기다리는 집에 던져 주는 일을 하는 사람이에요. 아기씨를 받은 집에서는

열 달 뒤에 아기가 태어나는 거고요.

삼신할머니는 하늘을 보며 한숨을 푹 쉬었어요. 다리도 아프고 허리도 아프고 눈도 가물가물하고 거기에다 자동차 매연과 미세 먼지 탓에 골까지 지끈지끈 아팠어요.

"그래도 정신 똑바로 차려야지. 할머니가 사는 집에 아기씨를 던져 주는 실수를 하지 않으려면."

삼신할머니는 고개를 가로저으며 자리를 털고 일어났어요. 삼신할머니 말대로 그런 실수를 하면 정말 큰일이에요. 생각해 보세

요. 구십 살 된 할머니에게 아기를 낳게 할 수는 없잖아요.

"가만있어 보자. 이 아파트 206동에 지난달 결혼한 신혼부부가 산다고 했는데……. 6008호라고 했지? 6008호면 60층이란 말인가? 아이고 맙소사."

60층이라니! 삼신할머니는 생각만 해도 머리가 어지러웠어요. 요즘 사람들은 왜 그렇게 조금이라도 더 높은 집을 짓지 못해 안달인지 모르겠어요.

삼신할머니는 엘리베이터에 타서 60층을 눌렀어요. 60층까지는 한참이나 걸렸어요.

'아들 아기씨를 던져 줄까? 딸 아기씨를 던져 줄까? 그 집이 대대로 딸이 귀한 집안이니 딸 아기씨를 던져 주면 좋아하지 않을까?'

삼신할머니는 60층까지 가면서 곰곰이 생각했어요.

6008호 현관문 앞에 서서 삼신할머니는 아기씨 주머니를 뒤적였어요. 딸 아기씨를 꺼내려고요. 그런데 오늘따라 딸 아기씨를 적게 갖고 온 거예요. 주머니 속에는 온통 아들 아기씨밖에 없는 거예요.

'내가 정신 줄을 어디에다 두고 아기씨를 챙긴 거야? 아이고, 이제 젊은 삼신할머니에게 모두 물려주어야지 천 살이나 먹으니 정신이 오락가락하는구먼. 그래도 몇 개는 챙겨 왔을 터인데.'

삼신할머니가 중얼중얼하며 아기씨를 뒤적이고 있을 때였어요. 갑자기 현관문이 벌컥 열렸어요. 삼신할머니는 현관문에 그만 머리를 박고 말았어요. 요즘 아파트 현관문은 왜 그렇게 단단한지 삼신할머니는 눈앞이 팽글팽글 돌고 어질어질했어요.

"어머, 할머니 괜찮으세요? 여기 계신 줄 모르고 그랬어요. 어머나. 이를 어쩌나, 이마에 혹이 부풀어 오르고 있어요. 들어가셔서 약이라도 바르셔야겠어요."

현관문을 있는 대로 힘껏 열고 나온 젊은 여자가 삼신할머니 손을 덥석 잡았어요. 그 바람에 삼신할머니가 들고 있던 아기씨 세 개가 한꺼번에 젊은 여자 몸속으로 날아 들어갔어요.

"괜찮아요, 괜찮아."

삼신할머니는 황급히 젊은 여자 손을 뿌리치고 계단으로 뛰어 내려갔어요. 삼신할머니는 집 안으로 들어가서는 안 되거든요.

"아이고 이를 어쩌나. 아기씨를 한꺼번에 세 개나 던졌으니. 그것도 모조리 아들 아기씨를. 아이구, 이를 어쩌나, 아이구 이를 어쩌나."

삼신할머니는 60층에서 1층까지 내려오면서 '아이구 이를 어쩌나'를 삼백 번쯤 중얼거렸어요. 하지만 따지고 보면 삼신할머니 잘못은 아니잖아요. 하필이면 그때 현관문을 힘껏 열고 나온 젊은 여자 잘못도 있는 거지요.

"아이고 나도 모르겠다."

1층으로 내려온 삼신할머니는 총총걸음으로 아파트를 벗어났어요.

삼신할머니가 다녀가고 딱 열 달 뒤 6008호에서는 아기가 태어났어요. 세쌍둥이인데 모두 다 아들이었어요.

첫째 이름은 나간다, 둘째는 나네편, 셋째는 나두리.

나간다와 나네편 그리고 나두리는 크면서 얼마나 말썽쟁이였는지 몰라요.

엄마는 셋을 키우면서 몸무게가 쏙쏙 빠져 작대기처럼 말랐어요. 잠도 제대로 못 자고 밥도 제대로 못 먹으니 그럴 수밖에요. 거기에다 셋이 치고받고 싸우기 일쑤이니 머리가 터지는 날이 한두 날이겠어요? 하루가 멀다고 다친 아이를 둘러업고 둘을 끌고 병원에 뛰어다니기 바빴지요.

'에이그, 저를 어째. 고생이네, 고생. 그러게 왜 하필이면 그때 나왔수?'

삼신할머니는 그 아파트 옆을 지날 때마다 미안해서 어쩔 줄 몰라 했어요. 그런데 말이에요, 나간다와 나네편 그리고 나두리는 말을 시작하면서 날마다 경찰 놀이 소방관 놀이 구급대원 놀이만 하는 거예요. 그래서 집 안에는 경찰차와 소방차와 구급차 장난감만

가득했어요. 아빠는 장난감 자동차를 사 대느라 더 열심히 일해야 했어요. 쉬지 않고 야근하는 날이 이어지면서 코피까지 쏟았어요.

'미안하우. 아기씨 하나만 던졌어도 그리 고생은 안 했을 텐데.'

삼신할머니는 세쌍둥이 엄마 아빠가 안쓰러웠어요. 하지만 어쩌겠어요. 이미 깨진 그릇이고 쏟아진 물인 걸요. 삼신할머니는 미안한 마음에 그 아파트에 갈 일이 있으면 6008호에 올라가 현관문 앞에 떡이나 과자, 과일을 한 아름 놓고 갔어요.

나간다와 나네편 그리고 나두리가 3학년이 되던 해였어요.

<어린이 경찰관, 어린이 소방관, 어린이 구급대원을 뽑습니다>

인터넷에 이런 글이 올라왔어요. 여기에 뽑히면 진짜 경찰관, 소방관, 구급대원처럼 활동한다고 했어요. 얼마나 멋진 일이에요.

전국에서 수십만 명의 아이들이 어린이 경찰관, 어린이 소방관, 어린이 구급대원이 되려고 모여들었지요. 경쟁은 아주 치열했어요. 하지만 수십만 명이 아니라 수백만 명이 모인들 아장아장 걸을 때부터 경찰 놀이 소방관 놀이 구급대원 놀이만 해 온 나간다와 나네편 그리고 나두리를 이길 아이가 누가 있겠어요.

나간다와 나네편, 나두리는 당당히 어린이 경찰관, 어린이 소방관, 어린이 구급대원이 되었어요.

나간다와 나네편, 나두리의 하루는 정말 바빴어요. 학교를 마치고 나면 나간다는 경찰서로 나네편과 나두리는 소방서로 갔어요. 옷도 멋지게 차려입고요. 그리고 어린이와 관련된 사고가 있으면 바로 출동했어요.

"우리나라에서, 아니 세계에서 가장 훌륭하고 용감한 경찰관이 될 거야."

나간다는 이렇게 결심했어요.

"나는 세계에서 가장 용감한 소방관이 될 거야."

나네편은 이렇게 다짐했고요. 나두리도 세계에서 최고로 봉사 정신이 투철한 구급대원이 되겠다고 마음먹었어요.

매일 저녁밥을 먹고 나면 나간다와 나네편, 나두리는 모여 앉아 그날 있었던 일을 이야기했어요.

"조금만 조심하면 될 텐데 그러지 못해서 위험한 일이 생겨."

셋은 입을 모아 이렇게 말했어요.

정말 그랬어요. 큰 사고도 아주 작은 방심 때문에 일어나거든요.

그럼 지금부터 나간다와 나네편 그리고 나두리가 저녁마다 모여 앉아 나눈 이야기를 들어 보도록 할까요?

1월의 이야기

겨울 놀이를
안전하게 즐겨요

나두리 이야기

눈 내리는 겨울, 춥기는 하지만
밖에서 하는 겨울 놀이는 정말 재미있어.
신나고 안전하게 겨울 놀이를 즐기는 방법을
알아볼까?
명구라는 아이를 만났는데
그 아이 이야기를 해 줄게.

눈썰매장에서

명구는 눈썰매를 쌩쌩 타고 싶었어요.
명구는 만화주인공 보리 마녀의
주문을 외치며 출발했지요.

"새처럼 날아라, 보리보리 방귀 뽀옹!"

"잠깐! 지금 출발하면 안 돼. 앞사람이 아직……."

안전요원이 놀라서 달려왔어요. 하지만 명구가 탄 눈썰매는 이미 앞으로 내달리고 있었어요. 보리 마녀 주문을 외워서 그런지 속도도 엄청나게 빨랐어요.

"으아아아아악!"

명구는 앞에 가던 눈썰매와 부딪히고 말았어요. 명구는 일어나지도 못하고 철퍼덕 엎드려 있었어요. 그때였어요.

"빨리 피해! 뒤에 다른 눈썰매가 오고 있어!"

누군가 소리쳤지만 이미 늦었어요. 다른 눈썰매가 눈 깜짝할 새에 달려와 명구와 부딪히고 말았어요.

"으아아앙!"

명구는 울음을 터뜨렸어요. 놀라기도 하고 아프기도 했어요.

이웅이웅.

구급차가 달려왔어요. 구급차에서 내려 다가오는 구급대원을 보고 명구는 깜짝 놀랐어요. 명구와 비슷한 또래 아이였거든요. 어린이 구급대원은 명구 이마에 약을 발라 주고 손등의 상처도 치료해 주었어요.

"나는 나두리라고 해. 너, 안전요원이 말려도 그냥 출발했지? 눈썰매를 탈 때는 앞뒤 간격을 지켜야 서로 부딪히지 않아. 또 눈썰매를 타다가 넘어졌을 때는 빨리 일어나야 해. 뒤따라오는 다른 눈썰매와 충돌할 수 있거든. 그러면 크게 다칠 수 있어. 아휴, 이 옷 좀 봐. 다 젖었잖아? 눈썰매를 타면 옷이 금방 젖어 감기에 걸리기 쉬워. 방수되는 옷을 입어야 해."

나두리는 정성껏 명구를 치료하고 따뜻한 말로 위로해 주었어요.

나두리의 한마디

눈썰매장에서는 앞사람이 충분히 가고 난 뒤에 출발해야 해.
안전요원의 신호를 잘 따라야 하지.

또 어린이 전용 슬로프를 이용해야 해. 어른이 타는 슬로프는 썰매가 넘어지기 쉽고 어린이와 어른이 충돌하면 크게 다칠 수가 있어. 혹시 넘어지면 빨리 피해야 해.

또 몸에 꼭 맞는 방수가 되는 옷을 입고 목도리나 긴 코트처럼 눈썰매에 끼기 쉬운 것은 조심해야 해. 헬멧이나 무릎 보호대를 착용하면 더 좋아.

스케이트장에서

"야, 스케이트를 신고 돌아다니면 어떻게 해?"

명구 옆에 있던 아이가 소리쳤어요. 아이는 바닥에 떨어진 장갑을 주우려다 명구가 신은 스케이트 날에 다칠 뻔했거든요.

"명구야, 장갑을 껴야지."

엄마가 장갑을 명구 손에 들려 주었어요.

"싫어. 답답하단 말이야."

명구는 엄마 손을 뿌리치고 그냥 얼음판으로 내려갔어요.

"흥. 여기에서 내가 스

케이트를 제일 잘 탈걸? 실력을 보여 주지."

명구는 아이들 사이를 요리조리 피하며 쉭쉭 스케이트를 탔어요. 앞에 가는 아이도 제법 빨랐어요. 명구는 그 아이를 따라잡으려고 더 속도를 냈어요.

"어어어어어어."

명구가 그 아이 옆을 지나는 순간이었어요. 명구의 스케이트 날이 그 아이 스케이트 날에 걸리고 말았어요.

"으아아악!"

명구는 얼음판에 개구리처럼 납작 엎어졌어요. 그 순간 명구 손 위로 날카로운 스케이트 날이 스치고 지나갔어요. 명구는 손등에서 배어나는 피를 보며 울음을 터뜨렸어요.

이옹이옹.

구급차가 달려왔어요. 구급차에서 나두리 구급대원이 내려 명구에게 다가왔어요. 나두리는 정성껏 명구를 치료해 주었어요.

"스케이트를 탈 때는 장갑을 끼고 무릎 보호대를 해야 해. 넘어져도 머리를 다치지 않게 헬멧을 써야 하고."

나두리는 그나마 머리를 다치지 않아 다행이라고 말해 주었어요.

나두리의 한마디

스케이트를 탈 때는 장갑과 무릎 보호대 그리고 헬멧을 꼭 착용해야 해. 넘어졌을 때는 얼음판에서 바로 손을 떼어야 다른 사람의 스케이트 날에 손을 다치지 않아.

또 혼자만 속도를 내지 말고 다른 사람과 속도를 맞추어야 해. 다른 사람을 앞지르다가 옆 사람과 같이 넘어질 수 있거든.

얼음판이 아닌 곳에서는 스케이트를 신고 돌아다니면 다른 사람을 다치게 할 수 있어.

얼음낚시를 갔을 때

아빠와 낚시를 간 명구는 따분해서 기지개를 켰어요. 얼음낚시를 시작한 지 벌써 세 시간이 지났는데 물고기는 구경도 못 해 봤거든요.

"저수지 안쪽으로 더 들어가면 물고기를 왕창 잡을 수 있을지도 몰라."

명구는 자리를 털고 일어나 아빠 몰래 저수지 안쪽으로 갔어요. 다른 사람이 아무도 없으니 여기에 있는 물고기는 다 명구거나 마찬가지예요. 그 생각을 하자 명구는 신이 났어요.

찌지지직.

명구는 발밑에서 들리는 소리에 깜짝 놀랐어요. 발아래 얼음이 금이 가고 있었어요. 그러더니 금이 간 얼음이 그만 쩍 갈라지고 말았어요.

"아, 어떻게 해!"

명구는 그곳에서 나오려고 재빨리 걸음을 옮겼어요. 하지만 이미 늦었어요. 명구는 물에 빠지고 말았어요.

"으아아악! 살려 주세요!"

명구는 소리쳤어요.

낚시하고 있던 명구 아빠는 명구 고함에 깜짝 놀라 바라봤어요.

"명구야!"

명구가 물에 빠진 걸 본 명구 아빠는 명구를 구하려고 물에 뛰어들려고 했어요. 그런데 그 순간 옆에 있던 아저씨가 말렸어요. 아저씨는 긴 막대기를 명구에게 건넸어요.

이옹이옹.

구급차가 달려왔어요. 나두리와 구급대원들은 막대기를 잡은 명구를 겨우 물 밖으로 나오게 했어요. 명구는 세 번씩이나 나두리를 만나 창피했어요.

"쳇. 아빠가 나를 구해 줬으면 나두리를 안 만나도 되었을 텐데."

명구가 중얼거리자 나두리가 말했어요.

"물에 빠진 사람을 구하려고 함부로 물에 뛰어들어서는 안 돼. 함께 위험해질 수 있거든. 겨울철에도 날씨가 갑자기 따뜻해질 때가 있어. 그러면 얼음이 녹거든. 그래서 얼음낚시를 하기 전에는 반드시 얼음의 상태를 잘 살펴야 해. 또 사고에 대비해서 구명조끼를 입고 얼음낚시를 해야 하고 밧줄은 미리 준비해야 해. 그리고 말이야. 이런 거로 얼음을 깨면 큰일 나."

나두리는 명구 아빠가 얼음을 깰 때 썼던 망치를 집어 들었어요.

"망치나 돌로 얼음을 깨면 주변 얼음까지 금이 가게 되지. 그럼 자신은 물론이고 다른 사람들도 위험하게 돼."

명구는 안전 수칙을 잘 지켜서 다음에는 절대 나두리를 만나지 말아야겠다고 결심했어요.

나두리의 한마디

얼음낚시를 할 때는 얼음 상태를 꼭 확인해야 해. 얼음 두께가 10㎝ 미만인 곳은 위험해. 얼음판 위에서는 앞을 보고 걸어야 해. 뒷걸음질 치다 얇은 얼음 위로 가서 물에 빠질 수가 있거든.

또 춥다고 얼음낚시를 하면서 난로를 쓰는 사람도 있는데 그건 정말 위험해. 얼음이 녹을 수 있어.

옷을 따뜻하게 입어야 해. 얼음을 깰 때는 망치나 돌을 쓰지 말고 아이스 드릴과 같은 안전장비를 써야 해. 또 구명조끼를 입고 만약을 대비해서 밧줄도 준비해야 한단다.

2월의 이야기

고마운 가스와 난방기구 안전하게 사용해요

나네편 이야기

추운 겨울! 따뜻한 음식을 만들어 주는 가스,
몸을 녹여 주는 난로와 전기장판.
고마운 물건들이야. 하지만 잘못 사용하면
무서운 얼굴로 변하기도 해. 내가 만난
명구 이야기를 해 줄게.

가스는 조심해서 써야 해요

엄마 아빠가 외출한 일요일 오후예요. 명구는 추워서 밖에 나가지도 못하고 집에만 있었어요. 명구는 텔레비전을 보다가 문득 라면이 먹고 싶어졌어요.
'엄마가 가스를 켜면 안 된다고 했는데.'

　명구는 망설이고 망설이다 냄비에 물을 올리고 가스 불을 켰어요. 라면이 먹고 싶어서 견딜 수가 없었거든요.
　그때 텔레비전에서 '보리보리 방귀 뽕 쌔애앵' 하고 외치는 소리가 들렸어요. 드디어 보리 마녀 만화가 시작되는 거예요.
　명구는 냉큼 텔레비전 앞에 앉아 신나게 노래를 따라 부르며 만화를 봤어요. 무슨 냄새가 나는 거 같았지만 신경 쓰지 않았어요.
　"와, 재미있다!"
　만화가 다 끝나고 나서 명구는 길게 기지개를 켰어요. 역시 만화 영화는 보리 마녀가 최고예요. 그때 뭔가 뜨거운 느낌이 들었어요. 명구는 주방 쪽을 바라봤어요. 주방에서 불이 활활 타고 있었어요.
　"부, 부, 불이 났어요!"
　명구는 119에 전화했어요.

이옹이옹.

소방차가 달려왔어요. 소방관들의 도움으로 겨우 불을 끌 수 있었어요. 명구는 자신을 구해 밖으로 나온 소방관을 보고 깜짝 놀랐어요.

"나, 나, 나두리."

아, 정말 창피했어요. 또 나두리를 만나다니요.

"나는 나두리가 아니라 나네편 어린이 소방관이야. 나두리와는 쌍둥이지. 너, 가스 불에 냄비를 올려놓고 깜빡 잊고 있었지? 가스 불 위에 무엇을 올려놓고 다른 일을 하는 것은 위험해. 오늘처럼 냄비가 타면서 불이 날 수도 있거든. 오늘은 빨리 불을 꺼서 다행이지만 아파트에서 큰 화재로 번지면 그야말로 큰일이지."

명구는 저절로 고개가 숙여졌어요.

나네편의 한마디

가스 불 위에 무엇을 올려놓고 다른 일을 하지 말아야 해. 불이 날 수도 있고 음식이 넘쳐 가스 불이 꺼지면 가스가 새어 나올 수도 있거든.

가스를 쓰지 않을 때는 중간 밸브를 꼭 잠그도록 해. 또 가스가 새는지 수시로 점검해야 해. 가스를 마시면 일산화탄소에 중독될 수 있거든.

열림   잠김

따뜻한 난로, 위험할 수 있어요

"아이참, 어떻게 해요?"

명구는 젖은 양말을 보고 짜증을 냈어요. 오늘 축구시합이 있거든요. 그런데 하나밖에 없는 축구 양말이 아직 마르지 않은 거예요.

"다른 양말 신어."

엄마가 이렇게 말하며 시장에 갔어요. 하지만 명구는 그러고 싶지 않았어요. 축구를 할 때는 축구 양말을 신고 축구화를 신어야 폼이 나거든요.

'무슨 수가 없을까?'

명구는 곰곰이 생각했어요. 그때 명구 머릿속이 번쩍! 했어요. 명구는 젖은 양말을 전기난로 위에 널었어요. 이렇게 하면 금방 마를 거예요.

젖은 양말에서 김이 모락모락 올랐어요. 양말이 마를 동안 명구는 숙제를 했어요. 한참 숙제를 하다 고개를 든 명구는 깜짝 놀랐어요. 양말에 불이 붙어 활활 타고 있었어요. 양말에 붙은 불은 순식간에 아래로 떨어지면서 카펫에 옮겨붙었어요.

"어떻게 해! 어떻게 해!"

명구는 불을 끄려고 불이 붙은 카펫 위에서 방방 뛰었어요. 그러다 그만 다리에 화상을 입었어요. 명구는 그제야 119에 신고를 했어요.

이옹이옹.

소방차가 달려왔어요. 명구는 나네편을 보자 고개부터 숙였어요. 나네편은 명구 다리에 약을 발라 주었어요.

"난로는 따뜻하게 해 주는 고마운 물건이지만 잘못 사용하면 무척 위험하단다. 난로에 빨래를 말린다거나 불이 붙을 위험이 큰 옷 같은 것을 가까이 놓으면 안 돼. 또 커튼도 조심해야 해. 전기난로를 끌 때는 꼭 플러그도 뽑아야 하고 석유난로는 켜진 상태에서 들고 옮기면 불이 나기 쉬워. 알았니?"

나네편 말에 명구는 말없이 고개를 끄덕였어요.

나네편의 한마디

난로를 켰을 때는 난로 가까이에 옷이나 커튼, 카펫 같은 것을 두지 말아야 해. 불이 옮겨붙을 수 있거든. 난로에다 옷을 말리는 행동은 정말 위험하단다.

그리고 난로 주위에는 소화기를 준비해 두고 사용법을 익혀 두도록 해야 해.

전기난로를 사용하지 않을 때는 플러그를 뽑아 놓고 석유난로는 불이 붙어 있는 상태에서 기름을 넣거나 옮기지 말아야 해.

전기장판 안전하게 사용해요

오랜만에 시골에서 할머니가 오셨어요. 명구는 할머니를 참 좋아해요, 할머니도 명구라면 자다가도 벌떡 일어날 정도로 좋아하고요.

"할머니, 따뜻하게 해 드릴게요."

명구는 아이고 허리야, 아이고 어깨야 이러는 할머니를 위해 전기장판 온도를 올렸어요. 엄마는 전기장판 온도를 너무 높게 올리면 위험하다고 항상 말해요. 하지만 단 한 번도 위험한 적은 없었어요.

"할머니, 따뜻하지요?"

"그래, 아주 따뜻하구나. 그래서 그런지 잠이 솔솔 온다."

할머니는 곧 잠이 들었어요.

그런데 이를 어쩌면 좋아요. 한숨 푹 자고 일어난 할머니의 다리와 팔이 벌겋게 변해 있었어요.

"할머니, 왜 이래요?"

"화상을 입은 거 같구나."

전기장판이 활활 탄 것도 아닌데 화상이라니요. 명구는 전기장판을 만져 봤어요. 으악! 금방이라도 불이 붙을 거 같았어요. 명구는 당황해서 119에 신고를 했어요. 신고하자 연기가 폴폴 났어요.

이옹이옹.

소방차가 달려왔어요. 소방관들은 장판에 붙은 불을 껐어요.

"전기장판이나 난로의 열에 의해서도 화상을 입을 수가 있어. 살이 닿을 수 없을 정도로 뜨거운 온도라면 금세 알아차릴 수가 있지만, 그렇지 않을 수도 있거든. 아주 뜨겁지 않은 온도라도 화상을 입을 수가 있는데 그걸 저온화상이라고 해. 저온화상은 자신이 화상을 입었는지 모르는 경우도 있단다. 그래서 전기장판을 사용할 때는 꼭 이불을 깔아야 해. 살이 직접 닿지 않도록 말이야."

나네편은 할머니 다리와 팔에 약을 발라 주었어요. 할머니는 괜찮다고 했지만 명구는 할머니에게 미안했어요.

"그리고 전기장판 온도를 너무 높게 올리고 오랜 시간 켜 두면 불이 날 수 있어. 또 너네 집 전기장판을 보니 접힌 부분이 있네. 전기장판 접힌 부분의 전선이 끊기거나 뭉쳐서 화재가 일어날 위험이 크지. 전기장판을 보관할 때는 심하게 접히지 않도록 해야 한단다."

나네편 말을 들으며 명구는 이제 앞으로는 정말로 나네편을 만나지 말아야겠다고 결심했어요.

나네편의 한마디

전기장판을 너무 오랫동안 켜 놓거나 온도를 높이면 과열이 되어 불이 날 수 있어. 적당한 온도를 유지하고 사용하지 않을 때는 꼭 코드를 뽑아 놓도록 해. 그리고 전기장판 위에는 꼭 이불을 깔고 살과 장판이 직접 닿지 않도록 해야 화상의 위험이 없어. 전기장판을 보관할 때는 접지 말아야 해. 접힌 부분에 전선이 끊어질 수 있어서 화재가 발생할 수 있거든.

3월의 이야기

아니라고 말해요

나간다 이야기

날씨가 따뜻해지면 밖에서 노는 시간이 많아져.
외출이 잦아질 때 조심해야 할 것이 있어.
나는 민지라는 아이를 만났어.
그 아이 이야기를 해 줄게.

아줌마는 누구세요?

민지는 학원을 마치자마자 놀이터로 갔어요. 해가 지고 어두컴컴했지만 조금 놀고 싶었거든요. 민지는 신나게 그네를 탔어요. 그때였어요.

"얘, 혹시 이 강아지 못 봤니? 금방 잃어버렸단다."

어떤 아줌마가 울상이 되어 휴대 전화 속 사진을 내밀었어요. 하얀 털에 까만 눈동자를 가진 귀여운 강아지였어요.

"못 봤는데요."

민지는 고개를 저었어요.

"이를 어째. 어디로 간 거지?"

아줌마는 눈물을 찍어 냈어요. 아주 슬픈 표정이었어요.

"미안하지만 아줌마랑 같이 강아지 좀 찾아보지 않을래? 어두워지는데 걱정이구나. 이쪽에는 없으니까 저쪽 공원으로 갔을지 몰라."

민지는 아줌마가 하도 슬픈 얼굴을 해서 싫다는 말이 나오지 않았어요. 민지는 아줌마를 따라 공원으로 갔어요. 어두운 공원에 도착하자 웬 시커먼 자동차가 아줌마와 민지 앞에 섰어요. 그 순간 아줌마가 민지를 억지로 자동차에 태우려고 했어요. 그때야 민지는 아차 하는 생각이 들었어요.

"아악! 살려 주세요!"

민지는 있는 힘껏 소리쳤어요. 아줌마가 더 힘껏 민지 등을 밀었어요.

"살려 주세요!"

민지는 자동차에 들어가지 않으려고 몸부림을 쳤어요. 민지 목소리에 사람들이 웅성거리며 달려왔어요.

애애앵애애애앵.

경찰차도 출동했어요. 경찰차가 출동하자 아줌마는 재빨리 자동차에 올라탔어요. 자동차는 요란한 소리를 내며 내달렸어요. 민지는 땅바닥에 주저앉아 울음을 터뜨렸어요.

경찰차에서 제일 먼저 내린 사람은 나간다였어요.

"이제 괜찮아. 나는 어린이 경찰관 나간다야."

나간다는 민지를 일으켜 세웠어요.

"낯선 사람이 말을 걸거나 유독 친절을 베풀거나 같이 어딜 가자고 하면 일단 조심해야 해. 무심코 따라나섰다가는 유괴당할 수 있어."

나간다는 민지에게 손수건을 내밀었어요. 민지는 나간다 손수건으로 눈물을 훔쳐 냈어요. 정말 큰일 날 뻔했지 뭐예요.

낯선 사람의 수상한 말을 믿으면 안 돼. 예를 들면 '나는 엄마 친구야, 엄마가 기다리고 있어, 함께 가자' 이럴 때는 엄마한테 전화해서 사실인지 아닌지 확인해야 해.

또 무거운 짐을 같이 들어달라는 부탁을 받으면 다른 어른에게 부탁하라고 말하렴.

만약 팔을 잡고 억지로 데리고 가려고 할 때는 소리를 질러 주변에 도움을 청해야 해. 호루라기 등을 갖고 있다면 불어서 큰 소리를 내도록 해. 또 모르는 사람이 자꾸 말을 걸고 길게 대화를 하려고 하면 대답하지 않고 자리를 피하는 게 좋아.

아저씨, 싫어요, 이거 놔요!

오늘은 학교가 일찍 끝났어요. 민지는 기분이 좋아 폴짝폴짝 뛰면서 집에 갔지요. 그런데 어떤 아저씨가 민지 뒤를 계속 따라오는 게 아니겠어요? 민지가 서면 아저씨도 서고 민지가 걸어가면 또 따라왔어요.

민지가 뒤돌아서서 아저씨를 바라보자 그 아저씨가 다가왔어요.

"이쪽으로 가면 한아름 아파트지?"

아저씨는 말을 하며 슬그머니 민지 손을 잡았어요.

"한아름 아파트 맞아요."

민지는 손을 살짝 뿌리치며 말했어요. 그러자 아저씨는 더 힘껏 민지 손을 잡았어요.

"몇 학년인데 손이 이렇게 작니? 너는 얼굴도 무척 작구나."

아저씨는 두 손으로 민지 얼굴을 감쌌어요. 그러더니 민지 손을 끌어다 아저씨 얼굴을 만지게 했어요. 민지는 아저씨가 하는 말이 정말 싫었어요. 아저씨 얼굴을 만지게 하는 것은 더더욱 싫었고요. 소름까지 끼쳤지만 싫다는 말이 입 밖으로 나오지 않았어요. 아저씨가 화를 내면 어쩌나, 무섭고 걱정이 되었거든요.

"괜찮아. 네가 귀여워서 그러는 거야."

아저씨는 민지 머리를 쓰다듬고 엉덩이도 툭 쳤어요. 민지는 무서워졌어요. 그때였어요.

애애애앵 애애애앵.

경찰차가 달려왔어요. 경찰차에서 남자 경찰관 두 명과 나간다가 내렸어요.

"지나가던 사람이 보고 신고했어."

나간다가 민지 귀에 대고 속삭였어요. 경찰관들은 아저씨에게 민지와 어떤 관계인지 여기에는 왜 왔는지 꼬치꼬치 물었어요. 그러자 아저씨는 슬금슬금 뒷걸음치더니 냅다 도망쳤어요.

"많이 놀랐지? 누군가 네 몸을 함부로 만지면 가만있지 말고 '싫어요.'라고 분명하게 말해야 해. '내가 싫다고 했을 때 상대방이 창피해하거나 화를 내면 어쩌지?' 이런 걱정은 하지 마. 싫다고 분명하게 말하는 것이 너를 지키는 거야. 다행히 오늘은 어떤 아주머니가 지나가다 보고 수상하다며 신고를 해 주었어. 만약 그렇지 않았으면 큰일 날 뻔했지."

나간다 말에 민지는 고개를 끄덕였어요. 그리고 이제 싫으면 싫다고 분명하게 말해야겠다는 결심을 했어요.

나간다의 한마디

낯선 사람이 내 몸을 만지면 싫다, 안 된다는 말을 분명하게 해야 해.

또 낯선 사람이 자신의 몸을 만져 보라고 해도 싫다고 말해야 해.

그런 일이 생길 때는 주변에 도움을 청해야 한단다. 그리고 그런 일이 있었다는 것을 부모님에게 꼭 알려야 해.

사람이 많은 곳으로 다녀야 해

민지는 친구와 함께 동네 상가의 실내 놀이동산에 놀러 갔어요. 잠깐 다녀오려고 엄마한테는 연락도 하지 않고 말이에요. 신나게 놀고 집에 돌아가는 길에 뭔가 허전해서 보니 외투를 실내 놀이동산에 두고 왔지 뭐예요.

"얼른 가서 외투 갖고 올게."

민지는 상가로 돌아가 엘리베이터를 타려 했어요. 하지만 아무리 기다려도 엘리베이터가 내려오지 않았어요.

"어. 저기도 엘리베이터가 있네."

민지는 저만큼 구석에 있는 엘리베이터를 발견했어요. 엘리베이터 옆에는 '화물 전용 엘리베이터'라고 쓰여 있었어요.

"친구들이 기다리고 있는데 얼른 다녀와야 해. 그냥 저거 타고 가자."

민지는 화물 전용 엘리베이터 버튼을 눌렀어요. 그런데 안에 웬 남자 어른이 혼자 서 있지 뭐예요. 민지는 조금 무섭고 찜찜했지만, 얼른 외투를 찾고 싶어 엘리베이터에 탔어요.

　민지가 5층을 누르려고 하자 남자가 민지 손을 잡았어요. 민지는 심장이 떨어질 만큼 놀랐어요. 말도 나오지 않았어요. 남자는 지하 3층을 눌렀어요.

　'이럴 때는 어떻게 해야 하지?'

　민지는 앞이 캄캄해졌어요. 민지는 울음을 터뜨렸어요. 남자가 민지 입을 틀어막으려고 했어요. 민지는 더 크게 울었어요.

　지하 3층에 도착해서 남자가 민지를 엘리베이터에서 끌어내리려고 했어요. 민지는 울음소리를 높이며 따라가지 않으려고 몸부림을 쳤어요.

　그때였어요. 밖에서 경찰차 소리가 들렸어요. 그러자 남자는 놀란 표정이 되더니 재빨리 달아났어요.

　곧 경찰관과 나간

다가 달려왔어요. 그리고 친구들도 왔어요. 민지 울음소리를 듣고 누군가 신고했다고 했어요. 민지가 놀란 가슴을 쓸어내리고 있을 때 엄마 아빠가 왔어요.

"민지야, 엄마한테 말도 안 하고 놀러 가면 어떻게 해? 엄마 아빠가 얼마나 찾았는지 알아? 경찰서에도 신고했어. 어딜 가면 간다고 말을 하고 가야지."

엄마는 민지를 안고 펑펑 울었어요. 정말 걱정을 많이 한 거 같았어요.

"하마터면 큰일 날 뻔했어. 앞으로는 누구와 어디를 다녀온다고 부모님께 꼭 말씀드리고 외출하렴. 집에 언제까지 오겠다고 약속도 하고 말이야. 그리고 오늘처럼 사람이 이용하지 않는 곳을 혼자 가는 것도 위험해. 또 늦은 시간이나 사람이 드문 곳도 조심해야 해. 알았지?"

나간다가 말했어요.

나간다의 한마디

 외출할 때는 누구와 어디에 가는지, 집에는 언제쯤 올 것인지 알리고 나가야 해. 외출 시간이 늦어지면 중간에 부모님에게 전화해서 지금 누구와 어디에 있는지 알려야 해.

 그리고 늦은 시간에는 넓은 길이나 사람이 많은 곳을 이용해야 해. 지름길이라고 해도 으슥한 골목이나 외진 곳에는 가지 말아야 해.

 엘리베이터에 낯선 사람과 단둘이 타지 않도록 해. 아무리 급해도 여러 사람과 함께 타는 것이 안전하단다.

"엄마, 또 떡이 있어."

아침에 우유를 들여놓으려고 현관문을 열었던 나간다는 현관문 앞에 놓인 바구니를 발견했어요. 그 안에는 김이 모락모락 나는 백설기가 들어 있었어요.

"또? 대체 누구지? 누가 십 년 동안 잊을 만하면 먹을 거를 놓고 가는 거야?"

엄마와 아빠는 도무지 생각나는 사람이 없었어요. 생각해 보세요. 먹을 거를 주고 가려면 당당히 초인종을 누르면 되는 거지 꼭 도둑처럼 슬그머니 두고 갈 이유가 없잖아요.

백설기는 쫀득쫀득하고 달콤해서 입에 착착 감기게 맛있었어요. 떡이 맛있으면 맛있을수록 누가 놓고 갔는지 더 궁금해졌어요. 그렇다고 매일 밤 현관문 앞을 지키고 있을 수도 없잖아요. 언제 어느

때 올지 알 수가 없으니까요.

"음음음. 누군지 내가 잡고야 말겠어. 나는 자랑스러운 대한민국의 어린이 경찰관이야."

나간다가 눈을 갸름하니 뜨고 턱을 살살 문지르며 말했어요.

"무슨 수로?"

나네편이 물었어요.

"불가능해."

나두리도 말했어요.

"그래, 날짜를 정해서 오는 것도 아니고 일 년 열두 달 중에 언제 어느 때 올지도 모르는데 무슨 수로? 그건 아무래도 어려울 거 같아."

엄마도 한마디 했어요.

"아니지. 우리 나간다는 수만 대 일의 경쟁률을 뚫고 뽑힌 어린이 경찰관이야. 충분히 할 수 있어."

모두가 불가능하다고 할 때 아빠가 나간다를 향해 주먹을 불끈 쥐어 올려 보였어요.

그날부터 나간다는 자다가 오줌이 마려워서 깰 때면 현관문을 열어 보았어요. 한 달 정도 꼬박꼬박 그렇게 했지요. 오줌을 누러 일어났다가 현관문 앞을 검사하는 것은 결코 쉬운 일이 아니었어요. 찬바람을 맞으면 잠이 확 달아나기도 하고 캄캄한 밤이라 현관문을 열 때 뭔가 확 달려들 거 같기도 했거든요. 뭐, 귀신이나 도깨비 같은 무서운 것들 말이에요.

그런데 한 달 하고 하루가 지나던 날, 그날은 나간다가 얼마나 피곤한지 오줌을 단 한 번도 누지 않고 아침까지 잤어요.

"아무것도 없을 거야."

나간다는 천천히 일어나 현관문을 열었어요. 그런데 이게 웬일이래요? 사과와 배가 한 보따리씩 놓여 있는 거예요.

"아, 하필이면 어젯밤에 다녀가다니. 큰소리 빵빵 쳤는데 나네편과 나두리에게 창피해서 어떻게 한담. 이건 어린이 경찰관의 수치야, 수치."

나간다는 벌게진 얼굴을 두 손으로 벅벅 문질렀어요. 그리고 결심했지요. 과학적인 수사를 해서 꼭 그 사람이 누군지 알아내고야 말겠다고요.

4월의 이야기

안전하고 행복한 학교

나두리 이야기

친구들과 모여 공부하고 놀기도 하는 재미있고 신나는 학교! 조심하지 않으면 학교도 위험한 곳일 수 있어. 내가 이번에 만난 아이는 호철이라는 아이야. 호철이 이야기를 들려줄게.

안전한 교실

점심을 먹고 난 호철이는 심심했어요.

'뭐 재미있는 게 없을까?'

호철이는 교실 안을 둘레둘레 둘러봤어요. 그때 호철이 눈이 반짝 빛났어요. 동철이가 엉덩이를 위로 번쩍 쳐들고 앞에 앉은 성호와 이야기를 나누고 있는 거예요.

'우히히히히, 재미있겠다.'

호철이는 살금살금 동철이에게 다가갔어요. 그러고는 슬쩍 의자를 뒤로 뺐어요.

"으아아아악!"

콰당!

의자에 앉으려던 동철이는 뒤로 벌렁 나자빠졌어요. 그러면서 교실 바닥에 엉덩방아를 찧고 말았어요. 소리가 얼마나 큰지 교실이 터져 나갈 거 같았어요.

"우히히히히히!"

호철이는 재미있어서 손뼉을 치며 웃었어요. 그런데 넘어진 동칠이는 바로 일어나지 못했어요.

"많이 다쳤나 봐."

아이들이 몰려와서 동칠이를 일으켜 세우려고 했어요. 하지만 동칠이는 일어나지 못하고 울기만 했어요. 호철이는 그제야 겁이 덜컥 났어요. 선생님이 달려오고 119에 신고를 했어요.

이옹이옹.

구급차가 달려왔어요. 동칠이는 들것에 실려 구급차에 탔어요.

"나는 어린이 구급대원 나두리라고 해. 네가 의자를 뺐다지?"

호철이는 아무 말도 못 하고 눈물만 뚝뚝 떨어뜨렸어요.

"친구를 놀린다고 의자를 몰래 빼는 장난을 많이들 하지? 그 장난은 아주 위험해. 엉덩방아를 찧으면서 척추를 다칠 수가 있거든. 척추는 우리 몸의 기둥 역할을 하는데 다치게 되면 몸에 마비가 올 수 있단다. 그러면 걷지 못하게 될 수도 있어. 절대 해서는 안 되는 장난이야."

나두리 말에 호철이는 걱정이 태산처럼 커졌어요. 동칠이가 괜찮아야 할 텐데.

'동칠이가 제발 무사하게 해 주세요. 그럼 앞으로는 진짜 진짜 위험한 장난을 하지 않는 착한 아이가 될게요.'

호철이는 눈물을 흘리며 빌었어요.

나두리의 한마디

교실에서 안전하게 생활하려면 주의해야 할 일이 많아. 친구 몰래 뒤에서 의자를 빼는 장난을 하는 친구들이 아주 많은데 그건 정말 위험한 장난이야. 또 책상 위에 올라가 노는 행동도 하지 말아야 해. 책상이 넘어지면 크게 다칠 수 있거든. 창문 난간에 올라가는 친구들도 있는데 그러다 아래로 추락할 수도 있어. 그리고 교실에서 공이나 물건을 던지며 놀아서는 안 돼. 유리창이 깨질 수도 있고 창문 밖으로 공이나 물건이 넘어가면 밖에 있는 사람이 다칠 수도 있거든.

안전한 교실 밖

수업이 끝나고 교실에서 나올 때였어요. 호철이는 계단을 내려가

는 성호의 뒤통수를 보고 좋은 생각이 떠올랐어요.

"내가 성호보다 먼저 내려갈 거야. 날아라, 이야아앗!"

호철이는 계단 난간을 타고 쭈욱 내려가기 시작했어요. 성호가 겨우 계단 네 개를 내려갔을 때 호철이는 금세 아래층에 닿았어요.

쿵.

속도가 너무 빨라 엉덩방아를 찧고 말았지만, 그 정도는 괜찮았어요.

"성호야, 힘들게 계단으로 다니지 말고 너도 난간을 타고 다녀. 빠르고 재미있어."

호철이는 엉덩이를 툭툭 털고 일어나며 말했어요. 그러고는 자랑스러운 얼굴로 또 난간에 냉큼 올라탔어요. 일 층까지 계단 난간만 타고 내려갈 거예요.

"날아라, 이야아아앗!"

호철이는 힘차게 난간을 타고 출발했어요. 조금 전보다 더 속도를 냈어요.

"으아아악!"

너무 빨리 내려오는 바람에 호철이는 그만 난간 끝에 머리를 부딪히며 뒤로 벌러덩 넘어지고 말았어요. 엉덩이가 아프고 머리도 띵했어요.

"아야!"

일어나려던 호철이는 그만 도로 주저앉고 말았어요. 다리뼈가 부러졌는지 일어날 수가 없었어요.

이옹이옹.

구급차가 달려왔어요.

"또 호철이 너였어?"

나두리가 호철이를 보고 물었어요. 호철이는 얼굴이 화끈 달아올랐어요. 들것에 실리면서도 창피해서 고개를 들 수가 없었어요.

"계단 난간을 타고 다니면 다칠 수 있다는 거 몰랐니? 계단 난간을 타고 다니는 것은 정말 위험한 행동이야. 그래도 다리를 다쳤으니 그나마 다행이지 머리라도 크게 다쳤으면 어쩔 뻔했니?"

계단은 한 계단씩 조심해서 내려가야 해. 휴대 전화나 책을 보며 내려가거나 친구와 장난치면 굴러떨어질 수 있어. 계단 난간은 미끄러워서 위험한 상황이 되어도 멈출 수가 없어. 절대 타지 말아야 해. 복도에서는 우측통행을 하고 뛰어다니지 말도록 해.

나두리의 한마디

또 화장실에서 장난치는 행동도 하지 말아야 해. 화장실 바닥은 물에 젖어 있어 미끄러워 넘어지기 쉽거든.

안전한 급식 시간

점심시간에 급식실로 들어서는 순간 호철이는 코를 벌름거렸어요.

"이건 갈비찜 냄새야."

호철이 입에 금세 침이 고였어요. 갈비찜은 호철이가 제일 좋아하는 음식이에요. 호철이는 친구들보다 빨리 많이 먹고 싶었어요.

"많이 주세요, 더 많이 주세요."

호철이는 식판 가득 갈비찜을 받은 다음 숨도 쉬지 않고 먹었어요. 갈비찜을 다른 아이들이 다 먹어 버리기 전에 더 받아 오려고요.

"캑캑캑."

급하게 삼킨 갈비찜이 목에 턱 걸렸어요. 호철이는 캑캑거리며 물을 한 컵 마셨어요. 그리고 마지막 남은 갈비찜을 입에 넣고 숟가락을 문 채 갈비찜을 더 받으려고 달려갔어요. 호철이는 친구들이 서 있는 줄 사이로 끼어들었어요.

"야, 줄 서야지 끼어들면 어떻게 해?"

뒤에 있는 아이가 눈을 흘겼지만 상관없어요.

"우히히히히. 이거 빨리 먹고 또 받으러 와야지."

호철이는 갈비찜을 받아 들고 자리를 향해 마구 달려갔어요.

"으아아아악!"

호철이는 그만 의자에 걸리고 말았어요. 넘어지지 않으려고 안간힘을 썼지만 소용없었어요. 호철이는 넘어지면서 앞에 가는 아이를 들이받았어요.

"아악!"

아이는 탁자 모서리에 머리를 박고 고꾸라지고 말았어요. 아이 머리에서 피가 뚝뚝 떨어졌어요. 호철이 입에서도 피가 났어요. 숟가락이 입 안을 찌른 거예요.

이옹이옹.

구급차가 달려왔어요.

호철이는 나두리를 보고 고개를 푹 숙였어요. 다쳐서 아픈 중에도 나두리 보기가 창피했어요. '또 너니?' 이러고 말할 게 뻔하잖아요.

"숟가락이나 젓가락을 입에 물고 다니는 것은 정말 위험한 일이야. 넘어지거나 식탁에 부딪히면 목을 다칠 수 있거든. 그리고 급식 시간에 식판을 들고 뛰지 말아야 해. 뜨거운 국이 엎어지면 델 수 있어. 이를 어떻게 해. 둘 다 피가 많이 나서 병원에 가야겠다."

호철이와 머리를 다친 아이는 구급차에 탔어요. 나두리는 '또 너니?' 이런 말은 하지 않았어요. 호철이는 앞으로는 절대 위험한 행동은 하지 않을 거라고 굳게 결심했어요.

나두리의 한마디

급식을 받으면 조심스럽게 걸어가야 해. 뛰다가 넘어지면 뜨거운 국물에 화상을 입을 수 있어. 입에 숟가락이나 젓가락을 물고 다니는 행동도 위험해. 넘어지거나 다른 친구가 장난을 치면 목을 심하게 다칠 수 있거든. 젓가락이나 숟가락을 휘두르며 장난치는 행동도 아주 위험해. 친구들을 다치게 할 수 있거든.

5월의 이야기

도로에서 지키는
안전 규칙

나간다 이야기

밖에 나가면 수많은 길이 있어. 차만 다니는 길도 있고 어떤 길은 차와 사람이 함께 다니기도 해. 어느 길에 서든 모두가 안전하게 다니려면 도로 규칙을 지켜야 해. 내가 만난 보동이 이야기를 들려줄게.

고속도로에서 화장실이 급해도!

오늘은 가족 여행을 가는 날이에요. 보동이는 설레서 아침 일찍 일어났어요. 고소한 참기름 냄새가 집 안에 가득했어요. 엄마가 김밥을 싸고 있었어요. 보동이는 김밥 꼬투리를 집어 먹기도 하고 아빠가 가방을 챙기는데 참견하기도 했어요.

"보동아, 출발하기 전에 화장실에 다녀오렴. 지난번처럼 가는 도중에 똥 마렵다고 하지 말고."

보동이는 아빠가 하는 일에 참견하기 바빠서 엄마가 하는 말을 흘려들었어요.

하늘은 맑고 바람도 시원했어요. 길에는 꽃들도 활짝 피었고요. 그런데 자동차가 고속도로를 달리고 있을 때 보동이는 배가 아프기 시작했어요. 참으려고 했지만 참을 수가 없었어요.

"똥 나오려고 해요. 싸겠어요."

보동이는 울상이 되어 말했어요.

"그러기에 화장실에 다녀오라고 했었잖아. 조금만 참고 휴게소에서 화장실에 가도록 하자."

"아악! 못 참겠다고요. 엄마는 내가 자동차 안에서 똥 싸면 좋겠어요?"

보동이는 고래고래 소리쳤어요. 그 바람에 똥이 찔끔 나오는 거 같았어요. 아빠는 어쩔 수 없이 고속도로 갓길에 자동차를 세웠어요. 보동이는 잽싸게 내려 쭈그리고 앉아 똥을 누기 시작했어요. 커다란 트럭들이 무시무시한 소리를 내며 옆을 쌩쌩 지나갔어요. 그럴 때마다 나오던 똥이 도로 쏙 들어갔어요.

"빨리 좀 눠!"

엄마가 재촉했어요.

애애애애앵.

그때였어요. 경찰차가 요란한 사이렌 소리를 내며 달려왔어요. 경찰차에서 나간다가 내렸어요. 엉덩이를 내놓고 똥을 누고 있던 보동이는 창피해서 어쩔 줄 몰랐어요. 보동이는 얼른 똥꼬를 닦고 일어났어요.

"고속도로 갓길에 자동차를 세우는 것은 위험해요."

나간다가 아빠에게 말했어요.

"하도 똥을 싸겠다고 난리를 쳐서……."

아빠가 뒷머리를 긁적였어요.

"어쩔 수 없이 차를 세울 때는 뒤에 안전 삼각대를 세워야 해요. 그래야 다른 차들이 미리 알고 조심할 테니까요."

나간다의 말에 아빠는 고개를 끄덕였어요.

"그리고 고속도로에서는 아무리 급해도 휴게소 화장실을 이용해야 안전해. 그러니까 고속도로를 이용할 때는 고속도로에 들어서기 전에 미리 볼일을 보는 것도 중요하단다."

나간다는 보동이에게도 말했어요. 보동이는 나간다에게 엉덩이를 보인 것이 너무너무 창피해서 견딜 수가 없었어요. 보동이는 앞으로는 이런 일이 없을 거라고 마음속으로 다짐했어요.

고속도로에서는 차들이 빠른 속도로 다니기 때문에 중간에 차를 세우면 사고가 날 위험이 커. 또 갓길은 위급한 차량이 지나가거나 고장 난 차량을 잠시 세워 두는 곳이야. 꼭 필요한 때가 아니면 갓길에 차를 세우지 말아야 해.

만약 어쩔 수 없이 차를 세웠다면 100m 뒤 (밤에는 200m 뒤)에 안전 삼각대를 세워 자동차가 서 있다는 것을 알려야 해.

나간다의 한마디

또 고속도로는 자동차들이 다니는 전용도로이기 때문에 걸어가면 안 된단다. 고속도로 휴게소는 크고 작은 차가 많이 드나드는 곳이기 때문에 어디서 어떤 차가 들어올지 알 수가 없어. 휴게소 주차장에서 뛰는 행동은 하지 말아야 해.

학원 버스에서 내리면

'셔틀버스 아저씨는 완전 굼벵이야. 아주 속 터져.'

학원 버스 안에서 보동이는 발을 동동 굴렸어요. 도민이와 아파트 놀이터에서 만나기로 했는데 이미 시간이 지났거든요.

얼마 뒤 드디어 학원 버스가 보동이네 아파트 단지에 도착했어요. 버스 문이 열리자 선생님이 아이들 손을 잡고 천천히 내리게 했어요.

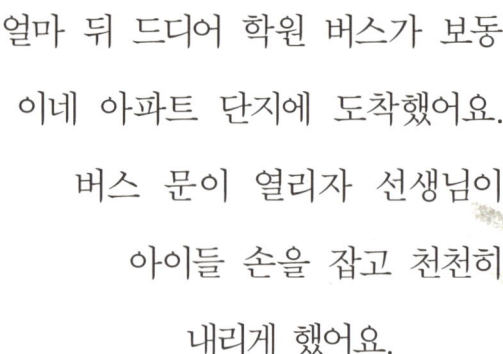

"좀 비켜 봐. 바쁘단 말이야!"

보동이는 앞에 내리던 미미를 밀쳤어요. 미미가 놀라든 말든, 선생님이 뭐라고 하든 말든 상관하지 않고 말이에요.

보동이는 내리자마자 학원 버스 앞을 가로질러 길을 건넜어요.

길 건너에 놀이터가 있거든요. 저만큼 앞에 도민이가 보였어요.
"도민아!"
보동이가 달리던 그 순간!
"끼이이익!"
땅이 꺼지는 소리와 함께 자동차 한 대가 보동이 앞에 멈췄어요. 보동이는 너무 놀라 그 자리에 주저앉고 말았어요. 다행히 자동차와 부딪히지는 않았어요.
"다치지 않았니? 그렇게 갑자기 뛰어들면 어떻게 해?"
자동차에서 무시무시하게 덩치가 큰 아저씨가 내리며 말했어요. 학원 선생님과 학원 버스 아저씨도 놀라서 달려왔어요. 선생님은 보

동이를 일으켜 세우고 여기저기 몸을 돌려 가며 살폈어요. 그러고는 아무렇지 않다는 것을 알고 나서는 안도의 숨을 내쉬었어요.

"버스 앞을 불쑥 지나가면 어떻게 해?"

학원 버스 아저씨가 보동이에게 한마디 했어요.

"길을 건너려면 선생님한테 미리 말을 했어야지. 보동이 너희 집은 길을 건너지 않아서 선생님은 신경 쓰지 않았었잖아."

학원 선생님이 야단쳤어요.

그때 마침 아파트 앞을 지나던 경찰차가 이 상황을 보고 멈췄어요. 경찰차에서 내리는 나간다를 보는 순간 보동이는 가슴이 뜨끔했어요. 어린이 경찰관을 여기서 또 만나다니요.

"보동아. 셔틀버스에서 내리면 버스가 떠날 때까지 기다렸다가 길을 건너야 해. 버스에 가려 다른 차를 볼 수 없을 뿐 아니라 자칫 버스에 사고를 당할 수도 있거든."

나간다의 한마디

차에 탈 때나 내릴 때는 천천히 순서를 지키고

차 문에 가방이나 옷, 신발 끈이 끼지 않도록 주의해야 해.

버스에서 내린 뒤에는 버스가 떠나고 나서 길을 건너야 한단다.

앞을 보고 걸어야지!

보동이는 신이 났어요. 엄마가 최신식 스마트폰을 사주었거든요. 보동이는 스마트폰을 손에서 놓지 않았어요. 집에서도, 차에서도, 길을 걸어가면서도 스마트폰으로 게임을 했어요.

"으ㅎㅎㅎㅎ, 재미있다."

오늘도 보동이는 교문을 나서자마자 스마트폰으로 게임을 시작했어요.

"아악."

그러다 보동이는 지나가던 아저씨와 부딪히고 말았어요.

"얘. 길에서는 앞을 보고 다녀야지 스마트폰을 쳐다보고 다니면 어쩌니?"

보동이는 아저씨 말에 콧방귀를 팽! 뀌었어요. 아저씨가 앞을 잘 봤으면 부딪힐 일이 없다고 생각했거든요.

"그러다 다친다."

아저씨는 한마디 더 했어요.

"괜찮거든요."

보동이는 건널목 앞에 서서도 게임을 계속했어요.

그러고는 앞사람이 길을 건널 때 함께 따라갔지요.

끼이이익.

요란한 소리와 함께 자동차 여러 대가 한꺼번에 멈춰섰어요. 보동이는 깜짝 놀라 고개를 번쩍 들었어요.

"신호 좀 보고 길을 건너."

자동차에서 사람들이 머리를 내밀고 화를 냈어요. 보동이는 그제야 신호등을 바라봤어요. 빨간불이었어요. 앞에 있던 사람이 신호를 무시하고 길을 건너자 보동이도 아무 생각 없이 따라 건넜던 거예요.

자동차에서 어른들이 머리를 내밀고 야단을 치자 보동이는 그만 당황해서 어쩔 줄 몰라 했어요. 그때 저쪽 큰길에서 교통정리를 하고 있던 경찰관이 다가왔어요. 헉! 키 작은 경찰관을 보는 순간 보동이는 깜짝 놀랐어요. 바로 나간다였어요.

"또 만났네. 보동아, 길을 걸어갈 때는 앞을 봐야지 그러지 않으면 다른 사람이나 가로등, 가로수에 부딪혀 다칠 수 있어. 또 건널목 앞에서는 신호를 잘 보고, 건널 때는 좌우를 살피도록 해야 해."

보동이는 정말 앞으로는 절대 나간다를 만나지 않도록 행동해야겠다고 결심했어요. 이게 무슨 망신이에요.

나간다의 한마디

길을 걸을 때는 스마트폰을 본다거나 친구들과 장난치지 말고 앞을 봐야 해.

건널목 신호는 꼭 지키고 큰 길과 골목이 만나는 곳에서는 자전거나 오토바이 등이 갑자기 튀어나올 수 있으니까 조심해야 해.

그리고 무단횡단은 절대 해서는 안 된단다. 또 건널목을 건널 때는 오른쪽으로 걷도록 해.

6월의 이야기

안전해서 즐거운
가족 나들이

나두리 이야기

즐거운 가족 나들이. 나들이할 때
알아 두어야 할 안전 수칙에 대해 알아 보자.
안전해야 나들이가 더 즐겁거든.
내가 만난 수빈이 이야기를 해 줄게.

버스 안전하게 타기

수빈이는 신이 났어요. 오늘 가족과
함께 동물원에 가기로 했거든요.

"주말에는 도로가 엄청 막히니까 대중교통을 이용하도록 하자."

아빠는 버스를 타고 역에 가면 동물원 앞에 도착하는 지하철을 탈 수 있다고 했어요.

버스 정류장에 도착하기 전 저 멀리 지하철역으로 가는 버스가 오는 게 보였어요.

"아빠, 저기 버스가 와요. 뛰어요, 뛰어!"

수빈이는 재빨리 달렸어요. 아빠가 다음 버스를 타도 된다고 소리쳤지만 소용없었어요. 그 사이 버스는 정류장에 도착해서 사람들을 태우고 출발하고 있지 뭐예요.

"잠깐만! 잠깐만이요."

수빈이는 버스 뒤를 손으로 탁탁 치며 소리쳤어요. 하지만 버스는 휙 떠나 버렸어요. 버스 기사 아저씨가 수빈이를 미처 못 본 게 분명해요. 버스가 속도를 내서 달려가는 바람에 버스에 손을 대고 있던 수빈이는 그만 앞으로 고꾸라지고 말았어요. 얼굴이 까져 피가 나고 바지에는 구멍이 뻥 뚫렸어요.

이옹이옹.

구급차가 달려왔어요.

"나는 어린이 구급대원 나두리라고 해. 이만하길 정말 천만다행이야. 버스 바퀴에 손이나 발이 깔렸으면 어쩔 뻔했니? 버스를 놓치면 다음 버스를 타면 되는 거야. 차도에 내려갔다가 다른 자동차에 부딪힐 수도 있어."

나두리는 수빈이 얼굴과 무릎에 약을 발라 주었어요. 수빈이가 다치는 바람에 동물원은 다음에 가기로 했어요.

나두리의 한마디

버스를 기다릴 때는 차도에 내려가지 말고 버스가 도착하면 완전히 멈췄을 때 타도록 해.

버스나 지하철 안에서는 손잡이를 잡고, 장난치지 말아야 해.

지하철을 이용할 때는 플랫폼의 노란 선 안에서 기다리고 플랫폼에서 뛰거나 장난치지 않도록 해. 다른 사람과 부딪혀 철로에 떨어질 수 있거든.

지하철 문이 닫히려고 하면 다음 차를 기다려야 해. 억지로 타려다 가방끈이나 신발끈, 옷이 문틈에 끼면 무척 위험하단다.

자동차 안전하게 타기

수빈이네 집이 오랜만에 시끌벅적했어요. 미국에 사는 고모와 사촌 동생 민찬이가 왔거든요. 고모는 냉면이 먹고 싶다고 했어요. 그래서 모두 함께 유명한 냉면집에 점심을 먹으러 가기로 했어요.

"내가 앞에 탈 거야."

아빠가 차를 끌고 오자마자 수빈이는 조수석에 냉큼 앉았어요. 아빠가 운전할 때 슬쩍슬쩍 핸들을 만지기도 했어요.

"수빈아, 그러면 아빠가 운전하는 데 방해돼."

엄마가 야단쳤어요. 그러자 민찬이가 킥킥거리고 웃었어요. 민찬이 앞에서 창피해진 수빈이는 창문을 내렸어요. 상쾌한 바람이 들어오자 수빈이는 자기도 모르게 손을 내밀었어요.

"아, 시원하다아아아아아~~아아악!"

그 순간 반대 차선에서 자동차가 쌩 지나갔어요. 수빈이는 그 차에 손이 부딪히고 말았어요.

이옹이옹.

구급차가 달려왔어요. 구급차에서 나두리가 내렸어요. 나두리는 수빈이의 손을 붕대로 감싼 뒤 구급차에 태웠어요.

"차에 타고 있을 때는 자동차 옆에 항상 다른 자동차가 다닌다는 것을 명심해야 해. 자동차 창문 밖으로 얼굴이나 손을 내밀면 정말 위험해. 영화나 드라마에 나오는 거처럼 창문 밖으로 몸을 내밀었다가는 심하게 다칠 수 있다고."

수빈이가 다치는 바람에 냉면은 먹으러 갈 수가 없었어요. 고모는 그깟 냉면 안 먹어도 상관없다고 했지만 수빈이는 고모에게 미안했어요.

차에 타면 앞자리나 뒷자리 모두
안전띠를 매야 해.

핸들이나 기어, 사이드 브레이크등
을 만지면 운전자에게 방해가 될 수 있
어. 그러면 사고 위험이 커진단다. 창밖으로 손, 팔, 몸을 절대 내밀지 말아야 해.

차 안에서 장난을 치면 운전에 방해가 되고 급정차했을 때
나 사고가 났을 때 더 크게 다칠 수 있으니까 조심해
야 해. 창밖으로 쓰레기를 버리면 도로가 더
러워질 뿐 아니라 다른 운전자의 앞
을 가려 사고가 날 수 있어.

나두리의 한마디

놀이기구 안전하게 타기

오늘은 수빈이 생일이에요. 그래서 온 가족이 놀이공원에 왔어요.
"와! 재미있겠다. 저거부터 타야지."
수빈이는 제일 먼저 범퍼카를 탔어요. 그러자 동생 수천이도 수빈이를 따라 범퍼카를 탔어요.

쾅쾅.

수빈이는 범퍼카 운전을 멋지게 하는 걸 가족들에게 자랑하고 싶었어요. 수빈이는 다른 아이들이 타고 있는 범퍼카 쪽으로 달려가 쾅쾅 들이받았어요. 세게 부딪치면 부딪칠수록 더 재미있었어요.
"나도 형처럼 하고 싶다."
수천이가 부러워했어요. 수천이는 범퍼카 운전을 잘 못하거든요.
"수천아, 범퍼카를 그렇게 살살 몰지 말고 막 달려가서 쾅 부딪쳐. 내가 시범을 보여 줄게."
수빈이는 수천이 범퍼카를 향해 쌩하니 내달렸어요.

쾅!

세상이 무너지는 소
리와 함께 수천이가 타고
있던 범퍼카가 앞으로 튕겨
나갔어요. 수천이가 울음을 터
뜨렸어요. 엄마와 아빠 그리고 안전
요원들이 달려왔어요. 안전요원은 수천

이를 꺼내 안았어요.

"으아아앙! 허리 아파! 등 아파!"

수천이는 울음을 그치지 않고 여기저기 아프다고 했어요. 안전요원이 119에 신고했어요. 수빈이는 또 나두리를 만나고 말았어요.

"수빈아, 놀이기구를 탈 때는 안전 수칙을 읽고 지켜야지. 안내판에 다른 범퍼카와 부딪치지 말라고 쓰여 있잖아."

나두리는 수천이를 구급차에 태우며 수빈이에게 말했어요. 수빈이는 병원으로 가는 수천이가 걱정되었어요. 수빈이는 다음부터는 안전 수칙을 꼭 지켜야겠다고 결심했어요.

놀이기구를 탈 때는 안전띠를 꼭 매야 해.

놀이기구 안전 수칙과 안전요원의 지시에 꼭 따라야 하고 놀이기구를 타기 전에 주머니에서 동전이나 휴대 전화 등 떨어질 수 있는 물건은 미리 빼놓아야 해.

옷자락이나 신발끈이 놀이기구에 끼이지 않도록 조심하고 타고 내릴 때 차례를 지켜야 해.

나두리의 한마디

삼신할머니는 현관문에 귀를 대고 숨을 죽였어요. 오늘은 이 아파트 102호에 아기씨를 던져 주려고 왔는데요, 온 김에 겸사겸사 6008호에 들렀어요.

"애들 엄마가 살 좀 쪘으려나? 애들 아빠는 요즘도 코피까지 쏟아 가며 일을 하고 있나? 얼굴을 한번 보고 싶기는 한데 내가 밤에만 돌아다니다 보니 얼굴 보기가 쉽지 않네."

우당탕탕탕!

그때 집 안에서 뭔가 부서져 내리는 소리가 들렸어요. 아이들 비명도 들리고요. 사실 그 소리는 나두리가 장롱 위에 있는 장난감 자동차 바구니를 내리다 떨어뜨리며 놀라는 소리였어요. 하지만 그걸 알 턱이 없는 삼신할머니는 세쌍둥이가 치고받고 싸우는 줄 알았어요.

"아이고, 아직 말썽을 부리고 있구나. 좀 얌전해지면 내가 덜 미안할 텐데."

삼신할머니는 얼굴을 찡그리며 치마폭에서 주섬주섬 뭔가를 꺼내 현관문 앞에 내려놨어요. 먹고 싶어도 참고 참으며 아끼고 아꼈던 곶감 10개예요.

"미안하오. 내가 어쩌다가 말썽만 부리는 아들놈만 셋을 주었을까? 애들 엄마, 애들 아빠. 이거 먹고 살 좀 찌구려."

삼신할머니가 현관문 앞에 곶감을 놓고 돌아서는 바로 그 순간이었어요.

"으악, 깜짝이야."

글쎄 웬 아이가 현관문을 열고 나와 삼신할머니를 뚫어져라 쳐다보는 거 아니겠어요? 바로 나간다였어요.

"할머니! 할머니는 누구세요?"

나간다가 따지듯 물었어요.

"그러는 너는 누구냐?"

"저는 나간다라고 해요. 이 집 세쌍둥이 중에 첫째예요. 할머니는 누구냐고요? 정체를 밝히세요."

"내가 누구인지 알아서 뭐 할래? 나는 절대 정체를 밝힐 수 없는 사람이다."

마침 엘리베이터가 60층에 그대로 서 있었어요. 삼신할머니는 부리나케 엘리베이터에 타고 1층 버튼을 마구 눌렀어요.

"허어, 그놈 참, 눈이 아주 초롱초롱하니 잘생겼네. 얌전하기만 하면 얼마나 좋을꼬. 그나저나 큰일 날 뻔했네. 삼신할머니나 저승사자는 절대 사람들에게 정체를 들켜서는 안 되는데."

1층에 도착한 삼신할머니는 그제야 안도의 숨을 내쉬었어요.

7월의 이야기

배와 비행기 안전 탑승

나네편 이야기

배와 비행기를 타면 먼 나라까지 갈 수 있어.
편리한 비행기와 배를 안전하게 이용하려면
어떻게 해야 할까? 내가 만난 도리
이야기를 들려줄게.

구명조끼 위치는 미리 확인!

도리네 가족은 제주도 이모 집에 가기로 했어요. 제주도에 갈 때는 항상 비행기를 타고 갔는데 이번에는 배를 타고 간대요. 도리는 처음 배를 타서 그런지 모든 게 신기했어요. 방송에서 뭐라고 주의 사항을 말하는 거 같았지만 귀담아듣지 않았어요.

도리는 아이스크림과 과자를 사러 매점에 갔다가 어린이 소방관을 만났어요.

"안녕. 나는 어린이 소방관 나네편이라고 해."

나네편이 먼저 인사했어요.

"나는 허도리야."

도리는 아이스크림과 과자를 사 들고 갑판으로 나왔어요. 그때 갑자기 배가 위아래로 흔들리더니 비상벨이 울리기 시작했어요.

"이를 어째. 사고가 난 거야?"

배에 탄 사람들은 당황해서 어찌할 줄 몰라 했어요. 구명조끼를 입으라는 방송이 나왔어요.

"구명조끼가 어디 있어?"

사람들이 구명조끼를 찾아 뛰어다니는 바람에 배는 아수라장이 되었어요. 도리도 구명조끼를 찾아 계단을 내려가다 그만 굴러떨어지고 말았어요. 잠시 뒤 흔들리던 배가 잠잠해졌어요.

"승객 여러분. 이제 안심하셔도 됩니다. 갑작스럽게 돌풍이 일어 배가 흔들렸습니다."

방송을 듣고 사람들은 모두 안도의 숨을 내쉬었어요. 그때 나네 편이 도리의 어깨를 다독였어요.

"도리야, 괜찮니? 그러니까 배에 탈 때 구명조끼가 어디 있는지 미리 확인하거나 안내 방송을 귀담아들었다면 아까처럼 혼란스럽지 않았을 거야. 보통 탑승구 근처에 구명조끼 위치가 안내되어 있어. 다음부터는 꼭 확인해."

나네편의 한마디

배에 탈 때는 구명조끼 위치부터 확인해야 해. 구명조끼 근처에는 착용 방법도 안내되어 있단다. 더불어 구명정의 위치도 알아 두도록 해.

그리고 비상구 위치가 어디인지 알아 두고 비상벨이 울리면 침착하게 줄을 서서 배를 벗어나야 해. 배가 흔들리고 기울면 구명조끼를 입은 뒤 가장 높은 곳으로 올라가야 해. 이때 난간에 절대 기대서는 안 돼.

승무원 안내에 귀를 쫑긋

도리는 비행기 기내식을 정말 좋아해요. 엄청 맛있거든요. 오늘도 도리는 밥은 물론 간식에 음료수까지 모두 받아 배가 빵빵해지도록 먹었어요. 그런데 얼마 뒤 배가 살살 아프기 시작했어요. 도리는 화장실에 가려고 일어났어요.

"안 돼. 지금은 안전띠 등이 켜져 있잖니. 비행기가 흔들리기도 하고."

엄마가 말렸어요.

그때 안내 방송이 나왔어요.

"승객 여러분, 저희 비행기는 난기류를 지나고 있습니다. 자리에 앉아……."

"엄마! 못 참겠어요."

도리는 안내 방송을 무시하고 화장실로 달려갔어요. 그때 갑자기 비행기가 뚜욱! 하고 떨어지는 듯하더니 마구 흔들리기 시작했어요.

"아아악!"

도리는 그만 넘어지면서 비행기 통로에서 데굴데굴 굴렀어요. 그러다 화장실 문에 머리를 박고 말았어요. 눈앞에서 별이 와르르 쏟아졌어요.

승무원과 함께 소방관 옷을 입은 아이가 달려왔어요. 어디서 많이 보던 아이예요. 아, 맞아요. 나네편이었어요. 잠시 뒤 엄마도 놀란 얼굴로 뛰어왔어요.

"도리야, 아까 승무원 안내 방송 들었지? 비행기에서는 승무원의 안내에 꼭 따라야 해. 안전한 여행을 위해서는 꼭 지켜야 할 일이야."

나네편이 말했어요.

나네편의 한마디

비행기를 탈 때는 이륙하기 전에 구명조끼 사용법 산소마스크 사용법 비상 탈출 방법을 안내하는 방송을 주의 깊게 들어야 해.

자신의 자리에서 가까운 비상구의 위치도 확인해 놓도록 해.

만약의 경우 비행기에서 슬라이드를 이용해서 탈출할 때는 짐을 챙기지 말아야 해. 다른 사람의 탈출을 방해할 수 있거든.

또 비상 탈출 뒤에는 비행기가 폭발하거나 불이 났을 때 피해를 줄이기 위해 바람이 부는 반대 방향으로 이동해야 해.

이런 물건은 안 돼!

오늘은 아빠를 만나러 중국으로 가는 날이에요. 아빠가 중국에서 일하게 되어 헤어진 지 넉 달이나 되었어요.

"아빠가 무척 기뻐하실 거야."

도리는 아빠에게 줄 깜짝 선물을 엄마 몰래 가방에 자꾸자꾸 넣었어요.

다음 날, 공항에서 탑승 수속을 밟고 있던 엄마가 갑자기 도리에게 화를 냈어요.

"허도리, 가방에 이상한 거 넣었니?"

"아니, 이상한 거 안 넣었어."

바닥에 가방을 펼친 엄마는 입을 다물지 못했어요.

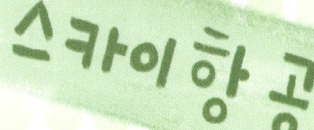

"아니, 대체 이런 거는 언제 넣은 거야?"

엄마는 매실액과 면도날을 꺼냈어요.

"왜 그래? 아빠는 배가 아플 때 매실액만 먹으면 금

세 낫는다고 그러잖아. 그래서 용돈을 아껴 마트에서 산 건데. 이 면도날은 아빠가 한국에 있을 때 잘 쓰던 거야. 수염이 싹싹 잘 깎인다고."

도리는 대체 매실액과 면도날이 무슨 문제가 되는지 이해할 수 없었어요.

"어휴. 물어보고 넣어야 할 거 아니니? 공항 바닥에서 이게 무슨 일이야?"

엄마는 화를 내며 말했어요. 도리는 눈물이 핑 돌았어요. 다 아빠를 위해서 그런 건데. 그때 저만큼에서 나네편이 다가왔어요. 여기에서 나네편을 또 만나다니. 도리는 얼른 손등으로 눈물을 훔쳤어요.

"도리야, 비행기 안에 갖고 들어갈 수 없는 물건들이 있어. 사고를 예방하기 위해서지. 도리, 네 마음만 전해 들어도 아빠는 엄청 행복해하실 거야."

나네편이 도리를 위로해 주었어요.

나네편의 한마디

칼이나 총 같은 무기류는 비행기에 가지고 들어갈 수 없어. 불이 붙기 쉬운 성냥이나 라이터 폭발물도 마찬가지야. 망치나 드라이버, 송곳과 공구 그리고 골프채나 야구 방망이 등 무기로 쓰일 수 있는 스포츠용품도 갖고 탈 수 없어.

또 샴푸나 물 화장품 등 액체도 마찬가지란다. 단 100㎖ 이하 용기에 담은 뒤 가로세로 20㎝의 비닐 팩에 넣으면 비행기에 가지고 탈 수 있단다.

8월의 이야기

물놀이 안전

나두리 이야기

땀이 줄줄 흐르는 날씨에는 시원한 물놀이가 최고지. 수영장, 바다, 계곡으로 떠나기 전에 안전하게 물놀이하는 방법은 알고 가자. 내가 만난 정식이 이야기를 해 줄게.

시원한 물이 흐르는 계곡으로 가요

여름방학이 시작되는 첫날이에요. 오늘 정식이네 가족은 계곡으로 물놀이를 가기로 했어요. 자동차에 수박도 싣고 도시락도 실었어요. 룰루랄라! 신나게 노래를 부르며 계곡에 도착했어요.
"와! 계곡이다!"
정식이는 자동차에서 내리자마자 계곡을 향해 달렸어요. 풍덩! 뛰어들어 물놀이를 하고 싶었거든요.

"물이 깊을 수 있어, 조심해!"

아빠가 뒤에서 소리쳤어요. 정식이는 콧방귀를 뀌었어요. 계곡 폭은 좁고 물속 바닥도 드러나 깊어 보이지 않았거든요.

"으아아악!"

바위에 올라서던 정식이는 그만 미끄러지고 말았어요. 첨벙! 정식이는 계곡물에 빠졌어요. 물은 생각보다 훨씬 깊었어요. 정식이는 일어나려고 했지만 계곡 바닥에 발이 닿지 않았어요.

"살려 주세요!"

정식이는 물살에 밀려 점점 아래로 떠내려갔어요. 아빠가 정식이를 구하려

고 물속으로 뛰어들려고 할 때 구급대원이 달려왔어요.

"같이 위험해져요!"

나두리 구급대원이 아빠를 잡았어요. 구명조끼를 입고 보트를 탄 구급대원들이 정식이를 구조했어요.

"나는 어린이 구급대원 나두리야. 바위에는 이끼가 끼어서 미끄러져 넘어지기 쉬워. 그리고 계곡은 물의 깊이 차이가 심해서 조심해야 해. 물살이 센 곳에서는 떠내려가기도 쉽단다."

나두리는 바위에 긁혀 피가 나는 정식이 무릎에 약을 발라 주었어요.

나두리의 한마디

계곡에 갈 때는 날씨를 미리 알아보고 가야 해. 비가 내리면 계곡물은 금세 불어나서 위험해지거든.

또 바위에 낀 이끼는 미끄러우니 조심하도록 해.

계곡에서 물놀이할 때는 다이빙은 절대 하지 마. 위에서 보는 물의 깊이와 실제 깊이가 달라서 목과 척추를 다칠 수 있거든.

계곡은 물의 깊이가 일정하지 않아 주의해야 하고 사람이 물에 빠지면 직접 들어가서 구하지 말고 튜브나 구명조끼 등 도구를 이용하고 바로 신고해야 해.

파도가 춤추는 바다로 가요

정식이는 비치볼을 힘껏 던졌어요. 비치볼은 동생 정호 머리를 넘어갔어요. 마침 파도가 밀려가면서 비치볼도 멀리 떠내려갔어요.

"주워 오자."

정식이는 비치볼을 따라갔어요.

"형, 안전선 밖으로 나가지 말라고 했어."

정호가 겁먹은 목소리로 말했어요. 정식이는 콧방귀를 뀌었어요. 구명조끼를 입고 있는데 무슨 걱정이에요.

"겁쟁이야. 너는 거기 있어. 내가 비치볼을 갖고 올 테니까."

정식이는 씩씩하게 바다로 들어갔어요.

백사장과 멀어지자 정식이 발이 바닥에

닿을 듯 말 듯 하며 몸이 파도를 따라 흔들렸어요. 그러더니 몸이 둥둥 떠올랐어요.

"아아아악! 엄마아! 엄마아!"

안전선 가까이 갔을 때 정식이는 비명을 질렀어요. 큰 파도가 정식이를 덮쳤어요. 정식이는 파도를 타고 높이 올라갔다가 바다 밑으로 쑥 들어갔어요. 바닷물이

입 안으로 벌컥벌컥 들어왔어요.

　이옹 이옹 이옹.

　구급대원이 달려왔어요. 파도에 휩쓸려 떠내려가던 정식이는 구급대원과 안전요원들에게 구조되었어요. 의식을 잃었던 정식이는 인공호흡을 받고 겨우 정신을 차렸어요. 나두리가 정식이를 구급차에 태웠어요.

　"안전선 밖은 파도가 높아서 무척 위험해. 구명조끼를 입고 튜브를 갖고 있다고 해서 안심해서는 안 돼."

　정식이는 나두리 말을 듣고 부끄러워졌어요.

나두리의 한마디

바다에서 물놀이할 때는 안전선 밖으로 나가지 않도록 해야 해.

바위나 방파제 위에 올라가면 미끄러져 바다에 빠질 수 있으니까 조심해야 해.

바다에 들어갈 때는 돌이나 조개껍데기 같은 것에 발을 찔릴 수 있으니까 안전한 신발을 신도록 해.

그리고 구명조끼와 튜브는 필수란다.

수영장에서 신나게!

정식이는 수영장으로 가며 어깨를 으쓱 올렸어요. 그동안 배운 수영 실력을 오늘 모두 발휘할 거예요.

정식이는 수영복으로 갈아입고 바로 물속으로 뛰어들었어요. 다들 준비 운동을 하고 있었지만 정식이는 하지 않았어요.

"와아! 정식이 진짜 수영 잘한다."

미지가 부러워했어요. 정식이는 더 신이 났어요. 그래서 휴식 시간에도 물속에서 나오지 않았어요. 입술이 파래지고 추워서 덜덜 떨렸지만 꾹 참았어요.

'더 깊은 곳에서 수영하면 내 실력에 미지가 더 놀랄 거야.'

정식이는 문득 그런 생각이 들었어요. 그래서 어른들이 수영하는 곳으로 가서 안전요원의 눈을 피해 물속으로 뛰어들었어요. 깊지만 상관없다고 생각했어요. 정식이는 자신의 수영 실력을 믿었으니까요.

"어어어어어어어!"

물은 생각보다 훨씬 깊었어요. 몸이 물속으로 빨려 들어갔어요. 정식이는 당황해서 팔다리를 마구 버둥거렸어요. 정식이 몸이 물속으로 들어갔다 나오기를 반복했어요.

삐이이익.

정식이의 귀에 희미하게 호루라기 소리가 들렸어요. 그리고 곧 정식이는 정신을 잃었어요.

정식이가 정신을 차렸을 때는 나두리가 앞에 서 있었어요.

"안전 규칙을 지켜야지. 어른들이 이용하는 곳에 가면 어떻게 해? 그리고 너 안전요원 말을 들으니까 준비 운동도 하지 않고 휴식 시간에 물 밖으로 나오지도 않았다면서? 앞으로는 그러지 마. 그러다 큰일 나."

나두리의 한마디

수영을 하기 전에는 준비 운동을 해야 해.

중간에 한 번씩 물 밖으로 나와 휴식을 꼭 해야 해. 수영장에서는 뛰거나 장난치지 말아야 하고 슬리퍼처럼 미끄러지기 쉬운 신발은 신지 말아야 해.

자신의 키에 맞는 풀장을 이용하도록 하고 물속에서 소변을 보거나 침을 뱉어서는 안 돼.

다이빙할 때는 다른 사람에게 피해를 주지 않도록 조심해야 한단다.

9월의 이야기

자연재해 안전하게 대비하기

나두리 이야기

태풍, 지진, 폭염 등은 사람의 힘으로 막을 수 없는 자연재해야. 자연재해를 막을 수는 없어도 그 피해를 안전하게 줄일 수는 있단다. 내가 만난 동민이 이야기를 해 줄게.

햇볕이 쨍쨍! 머리가 어질어질!

동민이는 화가 났어요. 그제와 어제에 이어 오늘도 축구 시합에서 수호에게 지게 생겼거든요.

"더워서 더 못 뛰겠어. 인제 그만하자."

수호가 숨을 헉헉 내쉬며 말했어요. 하지만 동민이는 고개를 세차게 저었어요.

"학원 갈 시간까지 하기로 했잖아. 아직 학원 가려면 멀었어."

"그럼 물 좀 마시고 하자. 편의점에 갔다 올게."

"편의점까지 언제 갔다 와? 그냥 하자."

동민이도 더웠지만 학원에 가기 전에 수호와 결판을 내고 싶었어요.

"아, 진짜 덥고 목이

말라서 그래."

수호는 애원하듯 말했어요.

"너 질까 봐 그만하려고 그러는 거지?"

"지기는 누가 져? 좋아, 그냥 하자. 패스해. 환상적인 골을 보여 줄 테니까."

동민이와 수호는 온몸이 땀으로 흠뻑 젖었어요. 너무 더워서 머리도 멍했어요. 학원 갈 시간이 되어서야 축구 하는 것을 멈췄어요.

"그런데 왜 이렇게 어지럽지?"

동민이는 가방을 메다 말고 휘청거리며 제자리에 주저앉았어요.

"나, 나, 나, 나도……."

수호는 중얼거리듯 말하더니 풀썩 쓰러지고 말았어요.

"수호야, 수호야. 왜 그래?"

동민이는 수호를 일으켜 세우려고 하다가 같이 쓰러지고 말았어요.

이옹이옹.

구급차가 달려왔어요. 나두리는 수호와 동민이를 구급차에 태워 병원으로 향했어요.

"나는 어린이 구급대원 나두리라고 해. 한여름에는 밖에서 오래 놀지 않는 것이 좋아. 일사병에 걸리기 쉽거든. 또 밖에 있을 때는 땀을 흘린 만큼 물을 마셔서 몸에 수분을 보충해 주어야 해."

동민이는 나두리 말을 들으며 수호 말을 듣지 않은 것을 후회했어요.

나두리의 한마디

여름에는 땀을 흘린 만큼 물을 마셔야 해.

햇볕이 강한 날에는 일사병에 걸리기 쉬우므로 야외 활동을 자제해야 해.

햇볕 아래에 있을 때 머리가 아프고 현기증이 나고 숨이 가빠지는 것이 일사병이야.

바닥이 흔들, 책상이 덜컹!

점심을 먹고 있을 때였어요. 누군가 동민이를 밀었는지 몸이 이리저리 흔들렸어요.

"아, 밥 먹는데 왜 밀고 난리야? 홍기 네가 밀었지?"

동민이는 뒤를 획 돌아봤어요.

"어, 몸이 막 흔들려."

그때 아이들 눈이 모두 휘둥그레졌어요. 몸이 춤을 추는 듯 마구 흔들리고 있었거든요.

"지진인가 봐. 바닥이 갈라지면 어떻게 해."

소라가 깜짝 놀라 책상 위로 올라갔어요. 소라를 보고 다른 아이들도 앞다퉈 책상 위로 올라갔어요. 동민이도 냉큼 책상 위로 올라갔어요.

우당탕탕.

그러는 사이 책상이 넘어졌어요. 동민이는 책상과 함께 앞으로 고꾸라지고 말았어요. 바닥에 부딪힌 턱이 아팠어요. 동민이는 턱을

어루만졌어요. 그때 뜨뜻한 것이 만져졌어요. 피였어요. 동민이는 그만 앞니가 부러지고 말았어요.

지진이 멎자 구급차가 달려왔어요.

"동민아."

나두리는 동민이를 금세 알아봤어요. 나두리는 동민이를 부축해서 구급차에 태웠어요.

"앞니가 부러져서 어떻게 해. 지진이 났을 때는 우왕좌왕하지 말고 침착하게 건물 밖으로 대피해야 해. 밖으로 나갈 수 없으면 방석이나 가방으로 머리를 감싼 다음 책상 위가 아니라 책상 아래로 몸을 피해야 해."

나두리는 우리나라도 이제는 지진에서 안전한 나라가 아니라고 말해 주었어요.

나두리의 한마디

지진이 나면 문과 창문을 열어야 해. 지진 때문에 문틀이 틀어지거나 문고리가 고장 나면 나중에 문이 열리지 않아 안에 갇힐 수가 있거든.

학교에서 지진이 났을 때는 운동장으로 대피하고 엘리베이터는 타지 말아야 해. 밖으로 대피하지 못했을 때는 방석이나 가방으로 머리를 보호하고 책상 밑에 몸을 피해야 해. 유리창이나 책장 주변에는 가지 않도록 해야 해.

거리에서 지진이 나면 진동이 멈출 때까지 제자리에 머물러야 해. 뛰면서 이동해서는 안 돼. 또 건물, 가로등, 전선 근처에는 가지 않도록 해.

바람이 쌩쌩! 간판이 덜커덩!

"오늘 강력한 태풍이 온다니까 절대 밖에 나가지 마."

엄마 말에 동민이는 콧방귀를 뀌었어요. 비도 안 오고 바람도 불지 않는데 태풍은 무슨 태풍이에요. 동민이는 엄마가 한눈을 파는 사이 밖으로 나왔어요. 수호와 축구를 하기로 했거든요.

"태풍은커녕 바람이 산들산들 불어서 시원하기만 하네."

동민이는 축구를 하며 중얼거렸어요. 그런데 얼마 뒤 비가 내리기 시작했어요. 그러더니 바람도 점점 거세졌어요. 잠깐 사이에 바람은

몸을 가눌 수 없을 정도로 세졌어요. 빗줄기도 굵어지고요. 동민이는 겁이 덜컥 났어요. 이러다 진짜 바람에 날아가게 생겼어요. 동민이와 수호는 집으로 향했어요. 빨리 가기 위해 지름길로 가기로 했지요.

지름길 중간쯤 왔을 때 가게 간판들이 금방이라도 떨어질 거처럼 흔들리는 게 보였어요.

우당탕탕탕!

어디서 날아왔는지 커다란 함지박이 동민이와 수호 앞에 떨어졌어요.

동민이와 수호는 물에 빠진 생쥐 꼴이 되어 발걸음을 재촉했어요. 뛰고 싶었지만 바람 때문에 뛸 수가 없었어요.

"으아악!"

그때였어요. 뭔가 수호 머리를 세차게 때리고 등 뒤로 떨어졌어요. 과일 집 간판이었어요.

"어떻게 해!"

동민이는 119에 전화했어요.

금방 구급대가 달려왔어요. 나두리와 눈이 마주친 동민이는 그만 소리 내어 울고 말았어요. 피가 나는 수호 머리를 보자 겁이 나고 무서웠거든요.

"동민아, 일기예보에 태풍이 온다고 뜨면 비가 오지 않아도 외출하지 않는 게 좋아. 태풍이 올 때 밖에 있으면 정말 위험하단다. 혹시 밖에 있게 되었을 때는 간판 아래나 공사장 근처 같은 곳에는 가지 말아야 해."

나두리는 수호의 머리를 응급처치한 다음 구급차에 태웠어요.

나두리의 한마디

태풍이 오면 한꺼번에 비가 많이 내려. 빗물이 하수구로 빨리 빠져나가야 피해가 적어. 하수구가 막힌 곳은 없는지 점검해야 해.

태풍이 불면 창문에 젖은 신문지나 테이프를 붙이면 창문이 깨져도 파편이 튀는 것을 막을 수 있어.

그리고 베란다 난간에 화분이나 벽돌이 있다면 치워야 한단다. 간판이나 가로등, 신호등은 태풍으로 쓰러지거나 떨어지기 쉬워. 특히 떨어진 가로등이나 신호등 주변에 가면 감전될 수 있으니까 조심해야 해.

삼신할머니는 나무둥치를 꽉 잡았어요. 삼신할머니가 된 지 엄청난 세월이 흘렀지만 이런 태풍은 처음이에요. 바람이 잠잠해질 때까지 이러고 있을 수밖에 없었어요.
"아이고 이를 어째."
삼신할머니 허리에 매달아 놓은 아기씨 주머니가 휘몰아치는 바람을 이기지 못하고 스르르 풀려 날아갔어요. 아기씨 주머니를 잃어버리면 그야말로 큰일이에요. 만약 아기씨 주머니가 통째로 누군가에게 날아간다면…… 수백 명, 아니 수천 명의 쌍둥이를 낳게 될 테니까요. 으악! 그렇게 된다면 그야말로 큰일이지요. 삼신할머니는 부리나케 아기씨 주머니를 잡으려고 몸을 날렸어요.

우당탕탕!

그때 어디선가 날아온 함지박이 건물 벽을 한 번 치고는 삼신할머니 머리 위로 떨어졌어요. 삼신할머니는 머리에 함지박을 뒤집어쓰게 되었어요.

"으으악! 앞이 안 보여."

이를 어쩌면 좋아요.

그때였어요. 누군가 함지박을 벗겼어요. 그러더니 삼신할머니 팔을 이끌고 건물 안으로 들어갔어요. 삼신할머니를 도와준 사람은 아이였어요.

"이거 할머니 거지요?"

아이가 아기씨 주머니를 내밀었어요.

'가만있어 보자. 저 아이를 어디서 본 거 같은데.'

어두컴컴해서 얼굴이 확실히 보이지는 않았지만 분명 어디서 본 아이예요.

"네가 누구더라?"

삼신할머니는 아무래도 기억이 나지 않아 물었어요.

"저는 어린이 구급대원 나두리라고 해요. 태풍이 부는 날 밤에 밖에 나오면 위험해요."

"나두리라고? 그럼 네가 6008호 세쌍둥이 중 한 명이냐?"

"할머니가 그걸 어떻게 아세요? 할머니 정체가 뭐예요?"

"너는 몰라도 된다."

삼신할머니는 황급히 건물 밖으로 나왔어요. 그러고는 혼잣말로 중얼거렸어요.

"무슨 애가 정체가 뭐냐고 묻는대? 그나저나 어린이 구급대원이라고? 그럼 말썽쟁이가 아니란 말인가?"

삼신할머니는 아기씨를 꼭 쥐고 바람이 부는 대로 이리저리 날아갔어요.

10월의 이야기

단풍보다 안전

나네편 이야기

나무들이 울긋불긋 물드는 가을,
등산은 즐거워. 하지만 산속 풍경을 만나기 전에
안전 등산법을 꼭 알아야 해.
내가 만난 강호 이야기를 해 줄게.

진정한 등산 패셔니스타는?

오늘은 강호가 친구들과 함께 가을 산 탐구를 하러 가는 날이에요.

"점퍼하고 등산화는 챙겼지?"

엄마는 몇 번이나 물었어요.

'치, 왜 자꾸 촌스러운 점퍼를 입으라고 하는지 모르겠어. 그리고 등산화를 신으면 얼마나 답답하고 불편한데.'

강호는 엄마가 빨래를 너는 사이 잽싸게 집에서 나와버렸어요.

산은 정말 가팔랐어요. 정상까지는 두 시간도 넘게 걸렸어요. 땀을 뻘뻘 흘리며 정상에 올라간 강호와 친구들은 울긋불긋 물들어 가는 나뭇잎들을 관찰했어요.

"와, 저기 저 나무는 단풍 색깔이 특이하다. 사진 찍어야겠다."

강호는 휴대 전화를 들고 나무 옆으로 다가갔어요. 발밑이 가파르기는 했지만 강호는 상관하지 않았어요. 그런데 강호가 사진을 찍으려고 손을 내미는 순간!
그만 비탈길로 쭈르르
미끄러지고 말았어요. 롤러코
스터를 타는 거처럼 뱅글뱅글, 백
바퀴도 넘게 돌았을 거예요.
쿵!

강호는 엉덩방아를 찧으며 멈췄어요. 주변에는 아무도 없고 나무들만 울창했어요. 강호는 겁이 덜컥 나서 휴대 전화를 찾았어요. 도와 달라고 전화해야 하는데, 휴대 전화도 보이지 않았어요.

"살려 주세요, 살려 주세요~!"

강호는 온 힘을 다해 소리쳤어요. 강호 목소리가 메아리가 되어 되돌아왔어요. 시간이 지나자 점점 추워졌어요. 아랫니와 윗니가 부딪히고 온몸이 덜덜 떨렸어요. 발목도 다쳤는지 시큰시큰했어요.

얼마나 지났을까요. 웅성거리는 소리가 들리더니 소방관들이 보였어요. 강호는 너무 반가워서 눈물이 왈칵 쏟아졌어요.

"나는 어린이 소방관 나네편이라고 해."

나네편은 강호를 들것에 태우고 담요를 덮어 주었어요.

"발목을 다쳤구나? 운동화를 신지 않고 등산화를 신었다면 발목을 보호할 수 있었을 텐데. 그리고 왜 점퍼를 입지 않았니? 산속은 해가 지기 전과 후의 기온 차이가 커서 점퍼가 있어야 해."

나네편 말을 들으며 강호는 엄마 말을 듣지 않은 것을 후회했어요.

나네편의 한마디

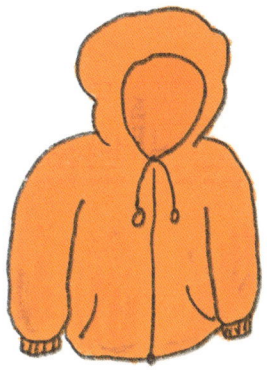

등산할 때는 점퍼를 준비해야 해. 산속은 낮과 저녁의 기온 차가 심하거든.

그리고 비탈길이나 낙엽 더미에서 미끄러지는 사고를 막고 발목을 보호하기 위해서 등산화를 신어야 해. 모자를 쓰면 여름에는 햇볕을 차단해 주고 겨울에는 체온을 지켜 준단다.

산속 생물 조심

오늘은 강호네 가족과 아빠 회사 사람들이 모두 함께 가을 산으로 나들이를 가는 날이에요. 산에 올라가 점심을 먹고 나서 보물찾기를 시작했어요.

"근처 바위와 나무 주변에만 보물 쪽지를 숨겼어요. 깊은 산속은 위험하니까 들어가지 마세요."

사회자 아저씨는 몇 번이나 당부했어요.

"나는 학교에서도 보물찾기 왕이야. 오늘도 내 실력을 보여 주지."

강호는 사회자 아저씨 말이 끝나자마자 바위 쪽으로 달려갔어요. 하지만 아무리 찾아도 보물 쪽지는 보이지 않았어요. 시간이 갈수록 강호는 초조해지기 시작했어요. 이러다 단 하나도 못 찾으면 어떻게 해요.

어느새 강호는 산속 깊숙이 들어가고 있었어요.

"우와! 엄청 예쁜 버섯이다. 버섯은 영양가가 많다고 엄마가 무척 좋아하는데 따 가야지."

강호는 버섯을 따서 주머니 가득 넣었어요. 그나저나 보물 쪽지는 대체 어디에 숨어 있는 걸까요. 강호는 긴 막대기를 주워 나무 위를 툭툭 치고 풀숲을 쑤셔 댔어요.

위이이잉 위이이잉.

그 순간 강호 머리 위로 엄청난 벌 떼가 나타났어요. 이마와 목덜미가 따끔했어요. 강호는 있는 힘을 다해 도망치기 시작했어요. 벌들도 강호를 쫓아왔어요. 강호는 나무뿌리에 걸려 비탈길로 굴러떨어졌어요.

"강호야."

마침 강호를 찾고 있던 엄마와 나네편이 강호에게 달려왔어요. 나네편은 벌에 쏘인 상처 부위를 응급처치했어요.

"말벌이 아니어서 다행이야. 그런데 주머니에 이건 뭐니? 맙소사! 독버섯이잖아? 산에 있는 식물을 함부로 따 먹어서는 안 돼. 독이 있는 식물이 많거든."

나네편은 강호가 딴 버섯을 숲속에 던져 버렸어요.

산에서는 등산로를 벗어나면 안 돼. 인적이 드문 곳에서 벌이나 뱀 등을 잘못 건드리면 큰일 나. 또 등산로가 아닌 곳은 가파르고 막다른 벼랑일 수도 있어.
발을 헛디디면 크게 다친단다.

산에 있는 나무 열매를 함부로 따 먹어서도 안 되고 버섯이나 풀, 나물 등을 따지 않도록 해야 해.

나네편의 한마디

산불 조심

강호는 삼촌과 함께 1박 2일로 등산을 가기로 했어요. 대피소에서 하룻밤 묵기로 했거든요. 삼촌은 휴대용 가스버너를 챙겼어요.

"어머, 산에 가스버너를 갖고 가도 되나요?"

엄마가 놀라서 물었어요.

"정해진 대피소에서는 불을 사용할 수 있어요. 강호와 함께 라면을 끓여 먹으려고요."

라면이라는 말에 강호는 침이 꼴깍 넘어갔어요. 등산보다 산에서 끓여 먹는 라면에 더 관심이 갔어요.

"삼촌, 얼마큼 가야 대피소예요?"

등산하면서 강호는 몇 번이나 물었어요. 빨리 라면을 먹고 싶었거든요. 한참 산에 올라가던 삼촌이 잠깐 화장실에 다녀온다고 했어요.

강호는 삼촌을 기다리다 문득 가스버너에 가스가 있는지 없는지 궁금해졌어요. 지난번 집에서 삼겹살을 구워 먹을 때 가스버너를 사용했거든요. 그때 가스를 거의 다 썼을지도 몰라요.

'가스가 없으면 라면을 먹을 수 없어. 불이 켜지는지 확인해 봐야지.'

강호는 삼촌 배낭을 들고 구석으로 갔어요. 그리고 가스버너를 찾아 버튼을 돌렸지요. 그런데 불이 켜지는 순간! 갑자기 날아온 낙엽에 불이 붙었지 뭐예요.

"어떻게 해! 어떻게 해! 불이야! 불이야!"

강호는 당황해서 계속 소리치며 허리에 두르고 있던 점퍼를 가스버너 위에 덮고 두드렸어요. 다행히 불은 꺼졌지만 점퍼가 타고 말았지요.

곧 삼촌과 소방관들이 달려왔어요. 나네편도 있었어요. 강호는 나네편과 눈이 마주치는 순간 창피해서 얼른 고개를 돌렸어요.

"산속에서는 정해진 곳이 아니면 절대 불을 사용해서는 안 돼. 특히 가을에는 건조하기 때문에 산불이 나기 쉬워."

나네편 말에 강호는 아무 말도 하지 못하고 고개만 끄덕였어요.

나네편의 한마디

산에 갈 때는 꼭 필요한 경우가 아니면 성냥, 라이터, 가스버너 같은 물건은 가져가지 말아야 해.

밥을 짓거나 요리하는 것은 정해진 대피소에서만 할 수 있단다.

산불이 나면 바람이 부는 반대쪽으로 뛰어 빨리 그곳을 벗어나야 해.

11월의 이야기

공공장소 안전

나두리 이야기

공공장소는 많은 사람이 함께 이용하는
곳이야. 안전 규칙을 지키지 않으면
모두가 위험해질 수 있어.
내가 만난 현민이 이야기를 해 줄게.

박물관에서 스케이트를 탄다고?

박물관에 들어서자 현민이 눈이 휘둥그레졌어요. 여기저기 황금이 번쩍거리고 아주 비싸 보이는 도자기들이 늘어서 있지 뭐예요.

"우와! 옛날 사람들은 엄청나게 부자였구나."

현민이는 유리관 안에 있는 금관을 한번 써 보고 싶었어요. 금팔찌도 해 보고 싶었고요.

"박물관은 정말 대단하다, 대단해. 또 뭐가 있나?"

현민이는 반들반들 윤이 나는 바닥을 스케이트 타듯 내달렸어요. 아주 신이 났어요. 그때였어요.

"으아아악!"

현민이는 한쪽 다리가 쫘악 미끄러지면서 그만 개구리처럼 바닥에 철퍼덕 엎어지고 말았어요. 넘어지면서 유리관에 부딪히고 모서리에 머리도 박았어요. 현민이는 머리를 매만지며 겨우 일어나 앉았어요. 그런데 이런! 유리관에 금이 쩍 가 있었어요. 현민이는

머리 아픈 것도 잊은 채 겁이 덜컥 났어요. 너무 놀라 숨조차 쉴 수 없었지요. 그때 박물관 관리인과 구급대원이 달려왔어요.

"나는 어린이 구급대원 나두리라고 해. 어디 다친 곳은 없니?"

"으으응. 나는 괜찮은데……."

현민이는 말끝을 흐리며 금이 간 유리관을 힐끗 바라봤어요.

"다치지 않았으니 다행이야. 박물관에서는 뛰어다니면 다칠 수도 있고 전시품이 망가질 수도 있어. 머리에 혹이 났으니 약을 발라야겠다."

나두리는 현민이 머리에 약을 발라 주었어요.

나두리의 한마디

박물관이나 미술관의 전시품은 귀중한 문화유산이야. 전시품이 훼손되지 않도록 눈으로만 관람해야 해. 전시품은 대부분 유리로 보호되어 있어. 뛰어다니다가 자칫 유리에 부딪히면 다치고 유리가 깨져 전시품도 훼손될 수 있단다. 박물관이나 미술관 바닥에는 화살표가 그려져 있는데 화살표를 따라 관람해야 다른 사람과 부딪히지 않고 전시품도 잘 이해할 수 있어.

쇼핑카트는 타는 게 아니야!

"진짜 재미있다니까, 얼른 타."

현민이는 동생 현준이에게 쇼핑카트를 들이밀며 재촉했어요.

"어린 아기들만 탈 수 있는 거잖아. 카트에 있는 의자도 엄청 작다고."

현준이는 고개를 저었어요.

"답답하다, 답답해. 다른 친구들도 타는데 뭐가 문제야? 재미있다니까."

현준이는 현민이에게 떠밀려 쇼핑카트에 탔어요.

"비행기 속도로 밀어 줄까? 우주선 속도로 밀어 줄까? 자, 출발~!"

현민이는 쇼핑카트를 힘껏 밀었어요. 마침 마트에는 사람도 별로 없어 쌩쌩 달리기 참 좋았어요.

"우와아아, 우주선이다."

현준이는 망설이던 모습은 온데간데없이 신이 나서 소리를 질렀어요.

현민이가 쇼핑카트를 밀며 코너를 돌 때였어요.

"아악!"

어떤 아줌마가 현민이가 미는 카트에 부딪혀 뒤로 벌렁 넘어지고 말았어요. 아줌마는 배를 움켜잡고 얼굴을 찡그렸어요. 사람들이 모두 이쪽을 쳐다보고 엄마가 놀라서 달려왔어요. 어디선가 나두리도 나타났어요.

"다치지 않으셨어요? 괜찮으세요?"

나두리는 아줌마를 조심스럽게 일으켜 세웠어요.

"죄송합니다, 죄송합니다."

엄마는 아줌마에게 계속 허리를 숙였어요. 다행히 아줌마는 다치지 않았다고 했어요.

"쇼핑카트는 장난감이 아니라고 몇 번이나 말해야 알아듣니? 카트를 마구 몰고 다니면 위험하다는 걸 이제 똑똑히 알았지? 쇼핑카트에는 물건만 담는 거야, 알았어?"

엄마가 화난 표정으로 말했어요.

나두리의 한마디

대형마트나 백화점에 갔을 때는 쇼핑 카트를 밀며 뛰어다니는 행동은 하지 말아야 해.

에스컬레이터를 탈 때는 노란 선 안에 선 뒤에 손잡이를 잡아야 해. 절대 에스컬레이터에 앉지 않아야 해.

회전문에서 장난치면 문틈에 팔이나 다리가 끼일 수 있으니까 회전문이 열렸을 때 천천히 들어가도록 해.

물건을 전시해 둔 진열대의 모서리는 각지고 날카로워서 통로에서는 장난을 쳐서는 안 돼.

공연장에서 냠냠 쩝쩝?

드디어 뮤지컬 〈날아라 킹콩〉을 시작해요.

"여러분, 안녕하세요."

밝은 인사말과 함께 킹콩이 무대 위로 뛰어 올라와 춤을 추기 시작했어요. 현민이는 비닐봉지에서 슬그머니 핫바를 꺼냈어요. 공연을 보면서 먹으려고 아까 샀거든요.

냠냠 쩝쩝! 이렇게 맛있을 수가!

"야, 공연을 보면서 뭘 먹으면 어떻게 해?"

옆에 앉은 동미가 현민이 팔꿈치를 툭 쳤어요. 그 바람에 핫바를 놓치고 말았어요.

"야, 너 때문에 핫바가 떨어졌잖아. 반도 못 먹었는데."

현민이는 볼멘소리를 했어요. 그 순간 강수가 과자를 들고 온 것이 생각났어요. 현민이는 강수에게 가려고 슬금슬금 일어났어요. 그러고는 맨 끝자리에 앉아 있는 강수에게 가서 과자 한 줌을 얻어 왔어요.

냠냠 쩝쩝! 이렇게 고소할 수가!

"앞자리에 앉은 너! 좀 조용히 관람하면 안 될까? 너 때문에 공연에 집중이 안 되잖니?"

그때 뒤에 앉은 아저씨가 말했어요.

"치, 아예 다른 데로 가야겠네. 동미야. 강수 옆에 있는 계단에 앉아서 보고 있을게."

현민이는 자리를 박차고 나갔어요.

"으악!"

현민이는 아까 놓친 핫바를 밟으면서 미끄러지고 말았어요. 허리와 엉덩이가 깨질 것처럼 아팠어요. 곧 나두리가 달려왔어요. 현민이는 나두리와 동미 부축을 받으며 공연장 밖으로 나갔어요. 밝은 곳으로 나오자 현민이는 나두리 보기가 부끄러웠어요.

"공연장에서는 음식을 먹으면 안 돼. 자리가 지저분해질 수 있고 음식 냄새 때문에 다른 사람들의 관람을 방해할 수도 있어. 또 정해진 자리에서 관람해야지 어두운 곳에서 왔다 갔다 하다가는 오늘처럼 다치게 돼."

현민이는 입가에 묻은 과자 부스러기를 손등으로 문지르며 고개를 숙였어요.

나두리의 한마디

공연장에서는 지정된 자리에 앉아야 해.
계단에 앉으면 비상시 대피 통로를 막을 수 있어.

2층이나 3층의 자리에 앉았을 때는 무대가 잘 안 보여도 난간에 매달리면 안 돼. 떨어질 위험이 크고 뒷좌석 사람들의 시야를 가리게 돼.
또 공연장은 어두워서 공연 중에 돌아다니면 안 돼.

공연 도중에 음식을 먹으면 음식 씹는 소리와 냄새 때문에 다른 사람에게 방해가 되고 흘린 음식에 미끄러져 넘어질 수 있어. 공연장에 갔을 때는 비상사태를 대비해서 비상구가 어디인지 미리 봐 두는 것이 좋아.

12월의 이야기

먹는 것도 안전하게!

손에는 세균이 바글바글

축구 대회가 거의 끝나갈 무렵이었어요. 대영이 엄마가 김밥과 유부초밥을 싸 왔어요. 대영이 엄마는 음식 솜씨가 좋기로 소문이 자자해요.

"우와! 맛있겠다."

"땀과 먼지 범벅인데 어서 손부터 씻고 와."

대영이 엄마 말에 아이들은 우르르 수돗가로 몰려갔어요. 상호는 늦게 가는 바람에 맨 뒷줄에 섰지요.

'먼저 씻고 간 아이들이 다 먹으면 어떻게 하지?'

상호는 초조했어요. 그래서 손을 씻지 않고 돌아왔어요. 뭐, 손 한 번 안 씻는다고 큰일이야 나겠어요?

상호는 김밥과 유부초밥을 손으로 덥석덥석 집어 먹었어요. 그런데 다른 아이들이 먹는 속도가 엄청나게 빨랐어요. 요즘 상호는 이를 치료받느라고 빨리 먹지 못하거든요. 상호는 누구도 눈치채지 못하게 유부초밥 두 개를 주머니에 슬쩍 넣었어요. 집으로 돌아온 뒤에 상호는 옷을 갈아입었어요. 주머니에 유부초밥 넣은 것을 까마득하게 잊고 말이에요. 저녁에 상호는 벗어 놓은 옷을 세탁기에 넣다 유부초밥을 발견했어요.

"먹어도 괜찮겠지?"

상호는 우물우물 유부초밥을 먹었어요.

그런데 밤에 상호는 배가 아파서 잠에서 깨어났어요. 숨을 쉴 수 없을 정도로 배가 쑤시고 설사를 했어요. 식은땀으로 잠옷이 흠뻑 젖었어요. 엄마는 구급차를 불렀어요.

"나는 어린이 구급대원 나두리야. 혹시 상한 음식을 먹지 않았니? 그리고 밥 먹기 전에 손을 씻었니?"

나두리는 이것저것 꼬치꼬치 물었어요. 상호는 낮의 일이 떠올랐지만 차마 그 말을 할 수가 없었어요.

"아무래도 식중독 같아. 아프지만 무사히 치료할 수 있을 거야. 앞으로는 밥 먹기 전에 손을 꼭 씻고 또 상한 음식은 먹지 않도록 조심해."

나두리는 눈치가 엄청 빨랐어요. 상호가 말하지 않았는데 어떻게 알았을까요?

나두리의 한마디

무엇을 먹기 전에는 꼭 손을 씻도록 해. 보이지 않아서 그렇지 손에는 세균이 엄청 많거든.

 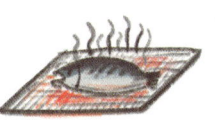

고기나 생선은 익혀서 먹는 것이 안전해.

슈퍼에서 음식을 살 때는 유통기간을 꼭 확인하고 포장 상자나 비닐이 찢어지지 않았는지 확인하고 사도록 해.

불량식품에도 세균이 바글바글

상호는 오백 원짜리 동전을 들고 문방구에 갔어요. 그리고 망설이지 않고 오징어 다리 구이와 막대 사탕을 샀어요. 색소가 잔뜩 들어간 초코볼도 사고요.

"문방구는 참 좋아. 오백 원으로 오징어 다리랑 사탕을 먹을 수 있다니. 마트에서는 오백 원으로 살 수 있는 과자가 없는데."

상호는 오징어 다리를 입에 넣고 꼭꼭 씹었어요. 오징어 다리는 돌처럼 딱딱했어요. 아무리 씹어도 어금니만 아프고 씹히지 않았어요. 거기에다 얼마나 짠지 입술과 혀가 따갑고 얼얼했어요.

"에이. 그냥 삼키자."

상호는 오징어 다리를 대충 씹은 다음 꿀꺽 삼켰어요. 목이 따가워서 막대사탕을 쪽쪽 빨아 먹었지요.

저녁에 상호는 숙제하려고 책상 앞에 앉았어요. 그런데 가슴이 쿡쿡 쑤시고 배가 아프기 시작했어요. 누가 상호 배 안에 들어가 마구마구 꼬집는 거 같았어요.

"아이고 배야!"

상호는 방바닥을 데굴데굴 굴렀어요.

상호는 구급차를 타고 병원에 갔어요. 주사를 맞고 겨우 정신을 차리고 보니 눈앞에 나두리가 서 있었어요.

"바지 주머니에서 불량식품이 나왔어."

나두리는 바짝 말라 보기에도 돌처럼 딱딱하게 생긴 오징어 다리를 흔들었어요. 오징어 다리 두 개 중 한 개만 먹고 한 개는 남겨 둔 거예요. 나두리는 초코볼도 꺼냈어요.

"불량식품은 재료도 엉망이고 몸에 좋지 않은 색소도 많이 들어 있어. 또 포장도 제대로 되어 있지 않아서 세균이 묻어 있기도 해. 휴, 이 오징어 다리는 백 년도 넘은 거 같다. 돌보다 더 딱딱해. 씹지 못하고 삼킨 게 분명해."

하여간 나두리의 눈치는 백 단을 넘어 천 단쯤 되는 거 같았어요. 상호는 말없이 나두리가 들고 있는 불량식품을 받아 쓰레기통에 버렸어요.

허가를 받지 않고 생산된 식품을 불량식품이라고 해. 불량식품은 어떤 재료로 어떤 과정을 통해 만드는지 확실하지 않아 건강을 위협할 수 있어.

음식을 살 때는 안전한 곳에서 사도록 해. 우리나라는 마트나 음식점, 카페 등 음식을 파는 곳은 신고하게 되어 있어. 이런 곳들은 정기적으로 위생 검사를 받아.

나두리의 한마디

음식으로 장난 금지!

오늘은 민준이 생일이에요. 민준이 할머니는 꿀떡을 해서 민준이 반에 보냈어요. 친구들과 나눠 먹으라고요. 반 아이들은 떡을 보자 우르르 몰려들었어요.
"와! 맛있다. 달콤해."
아이들은 모두 떡을 입 안 가득 넣고

감탄했어요. 그때 상호 머릿속에 아주 재미있는 생각이 떠올랐어요.

"우리 떡을 던져 서로 입에 넣어 주기 할까? 누가 더 잘 받아먹나 내기하자."

상호 말에 동준이가 찬성했어요. 상호와 동준이는 각자 떡을 들고 2m 정도 떨어져 섰어요.

"내가 먼저 던질게."

동준이가 먼저 상호를 향해 떡을 던졌어요.

"골인."

동준이가 던진 떡은 정확하게 상호 입으로 들어갔어요. 그런데 떡은 입 안을 통과해 목 안쪽에 찰싹 붙고 말았어요. 상호는 입안으로 손가락을 넣어 떡을 끄집어내리려고 했어요. 하지만 소용없었어요. 상호는 점점 숨이 막혀 오는 거 같았어요.

이옹이옹.

구급차가 달려왔어요.

나두리는 뒤에서 상호를 안고 명치를 힘껏 눌렀어요. 그러면서 배를 강하게 조였지요. 잠시 뒤 상호 입에서 떡이 튀어나왔어요.

"음식으로 장난을 치면 어떻게 하니? 기도로 들어가기 쉬운 떡이나 사탕을 던지고 받아먹다가 질식할 수 있어. 음식은 올바르게 꼭꼭 씹어 먹어야지."

나두리는 상호 등을 살살 두드려 주며 말했어요.

나두리의 한마디

떡이나 캐러멜 사탕과 껌 같은 쫀득쫀득한 음식은 던져서 받아먹지 않아야 해. 식도가 아닌 기도로 들어가면 숨길을 막아 굉장히 위험해.

또 국이나 뜨거운 물이 든 식기는 탁자 가장자리에 두지 않도록 해. 엎어지면 화상을 입을 수 있거든.

정수기에 온수 버튼도 함부로 누르지 말아야 해.

삼신할머니는 길을 가다 걸음을 멈췄어요. 어두운 밤하늘에 빨간색 불기둥이 높이 치솟고 있었어요. 불이 나도 아주 큰불이 난 거 같았어요. 삼신할머니는 얼른 그곳으로 가 봤어요. 소방관들이 온 힘을 다해 불을 끄고 불 속에서 사람들을 구해 내고 있었어요.

그때 물 호스를 꽉 잡고 불을 끄고 있는 아이가 눈에 들어왔어요. 소방복을 입고 있는 걸 보니 소방관이 확실한데 아이가 소방관이라니!

소방관들이 애쓴 덕에 불길이 잡혔어요. 소방관들은 주변을 정리했어요. 삼신할머니는 어린 소방관 가까이 다가갔어요. 그런데 가

만! 어디서 많이 보던 얼굴이에요. 바로 나네편이었어요.

"할머니, 왜 그러세요?"

삼신할머니가 하도 빤히 바라보자 나네편이 물었어요.

"네가 누구더라?"

삼신할머니는 기억이 날 듯 말 듯 해서 물었어요.

"저는 어린이 소방관 나네편인데요."

"나네편이라고? 그럼 저기 저쪽에 있는 아파트 6008호 세쌍둥이 중 한 명이란 말이냐? 나두리는 구급대원이라고 했던 거 같은데."

"어? 할머니가 그걸 어떻게 아세요? 나두리는 어린이 구급대원이고 저는 어린이 소방관 그리고 형인 나간다는 어린이 경찰관이에요. 수만 대 일의 경쟁률을 뚫고 경찰관과 소방관 그리고 구급대원이 되었어요. 그런데 할머니 정체가 뭐예요?"

"아니 너희는 왜 꼭 정체를 묻고 그러냐? 몰라도 된다."

삼신할머니는 콧잔등이 찡해지며 가슴이 뭉클해졌어요. 말썽쟁이들인 줄 알았는데 이렇게 훌륭하게 자랐으니까요.

"애들 엄마 아빠, 세쌍둥이 키우느라 고생했수."

삼신할머니는 세쌍둥이 엄마 아빠에게 고마운 마음이 들었어요.

이제는 미안해하지 않아도 될 거 같아 개운하기도 했고요. 삼신할머니는 주머니를 뒤적여 아끼고 아꼈던 왕사탕을 꺼내 나네편 손에 쥐여 주었어요.

"너희 엄마 아빠 갖다 드려라."

삼신할머니는 서둘러 그 자리를 떠났어요. 오늘은 저기 큰길 건너 아파트 506호에 아기씨를 주러 가는 길이에요.

'흠흠, 아기씨를 다섯 개 정도 한꺼번에 던져 줘도 괜찮겠는걸. 다섯 쌍둥이면 뭐 어때. 6008호 세쌍둥이처럼 잘 자라면 되는 거지.'

삼신할머니 발걸음이 가벼웠어요.

◦ 작가의 말 ◦

안전한 생활을 위해 어떻게 행동해야 할까?

이 세상 모든 사람들은 각자 해야 할 몫을 가지고 태어나는 게 확실해요. 이 책에 나오는 세쌍둥이만 봐도 알 수 있어요. 처음에 아기씨를 나눠 주는 삼신할머니는 자신의 실수로 세쌍둥이가 태어난 거 같아 세쌍둥이 엄마에게 엄청나게 미안해했어요. 세쌍둥이를 키우면서 엄마가 무척이나 힘들어했거든요. 하지만 세쌍둥이 나두리, 나네편, 나간다가 어린이 소방관, 어린이 경찰관, 어린이 구급대원이 되어 사람들의 안전을 위해 앞장서는 모습을 보면서 뿌듯한 마음이 들었어요.

나간다, 나두리, 나네편은 우리가 안전하게 생활하기 위해 어떻게 행동해야 하는지 자세하고 친절하게 알려 주고 있어요. 봄, 여름, 가을, 겨울 계절마다 조심해야 할 일이 많거든요. 학교, 산, 바다, 강, 곳곳마다 조심해야 할 일도 있어요. 또 나간다와 나두리와 나네편은 누군가 위험한 상황에 처하면 누구보다 빨리 출동해서 위험에 빠진 사람들을 도와주지요.

여러분도 나간다와 나두리 나네편을 따라가다 보면 어느새 안전 왕이 되어 있을 거예요. 그리고 자신이 알게 된 안전 생활법을 누군가에게 알려 주고 싶은 마음도 들 거예요.

이 책을 통해서 또 다른 나두리, 나간다, 나네편이 생기면 좋겠어요. 안전은 아무리 강조해도 지나치지 않을 만큼 중요한 일이니까요.

날마다 '안전'을 외치는 동화작가 박현숙